Geschichten vom Herrn G.

Thomas Weiß

GESCHICHTEN VOM HERRN G.

Prosa

KLÖPFER&MEYER

Bemerkungen

Verlieren

Natürlich: Es ist möglich, dass du dich verlierst darin. Du hast diesen Hang zur Orientierungslosigkeit. Gehst hundert Schritte und weißt schon nicht mehr, wo du bist und in welche Richtung du dich wenden sollst. Du nimmst es leicht, legst keinen roten Faden, lässt keine Brotkrumen auf dem Weg – wenigstens das könntest du versuchen ab und zu, auch wenn die Gefahr groß ist, dass Raben, Marder, Mäuse dir die Spur auffressen hinter deinem Rücken.

Du schaust den Irrlichtern zu als wären sie Sternenglanz auf dem Teich, suchst Venus, Mars und Großen Wagen. Und wenn dir ein kühler Nebel den Blick nimmt, freust du dich über das milchige Weiß und über das Zittern auf deiner Haut. Du wanderst gerne in Holzrinnen, auf Ziegenpfaden oder im trockenen Bachbett, wo sich das Wasser in Tümpeln sammelt und ruht – sodass du dich nicht fragen musst: Fließt es bergan oder bergab?

Glücklich bist du, wenn du nicht einmal mehr ahnen kannst, wo du stehst, welcher Weg dort vorne weiterführt und ob du an der Gabelung nach rechts gehen musst oder nach links. Du achtest lieber auf Wolken; die entscheiden sich nicht.

Du hältst keinen Finger in den Wind, setzt deine Schritte lieber in der Nacht, damit der Stand der Sonne nichts verrät, und was die Sterne weisen, ist dir gleich.

Dein Kompass dreht sich, eingenordet ist allein dein Wunsch, umherzuziehen wie Mücken in der Dämmerung. Du willst versteckt sein in den Wäldern, die in den Karten wohl Namen tragen (die du nicht kennst), aber Grenzen keine.

Es ist möglich, dass du dich verlierst, doch da es möglich ist, hast du hier Raum und Ort.

Du kennst allein dein Schattenbild, dein Antlitz hast du lang schon nicht mehr gesehen. Diese Hände, diese Füße, Beine, Knie sind dir fremd, und weil du keine Worte machst, hat deine Stimme keinen Klang, den du erinnertest. Manchmal noch sagst du dir, wie du heißt, zur Übung, um zu wissen, wen du verlierst. Du wartest, wie ein weißes Blatt Papier, eine Felswand und das Moos. Doch schreibst du nicht, rufst nicht, dass da ein Echo wäre, und trittst leise auf.

Möglich, dass du dich verlierst. Wie solltest du dich finden, wenn du nicht verloren gehst?

Brennen

Schweigsam war sie schon immer; mehr als einen Gruß, einen Gegengruß nach einem deutlichen, fast etwas zu lauten: Hallo, Kim!, war ihr nie zu entlocken. Kim hatte große Augen, aber sie sprachen nicht. Kim hatte zarte, etwas durchscheinende Ohren, eine sanfte, glatte Stirn, die Nase nicht zu erhaben und der Mund war anmutig, Kim war schön – aber ohne Herausforderung, mit hohlem Blick, das Gehör abgewandt, Stille hinter der Stirn, geruchlos. Kim die Maske, Kim aus feinem Gestein.

Nur die Hände, ihre Hände lebten, regten sich, waren aufgeregt. Wenn sie saß, im gelben Sessel vor der Terrassentür oder in der Küche auf der Bank ohne Lehne, dann spielte sie mit ihren Händen, mit den Fingern – nicht rasch und fahrig, aber ein böses Spiel, ein Geduldsspiel bis aufs Blut. Zuerst riss sie die spinnwebene, dünne Haut um die Fingernägel auf, grub mit dem Daumen in den kleinen Wunden nach, löste Fetzen, lockerte, riss weiter. Schmerzen müssen es gewesen sein, die sie nicht fühlte. Sie wollte sehen. Sehen, wenn das Blut aus den Rissen und Gruben tropfte und wenn die Fingerspitzen sich entzündeten über Nacht. Vermutlich hat sie das

Feuer geliebt, blutrotes Feuer, Entzündungsflammen.

Bekannte waren entsetzt: Kim fügt sich selber Schmerzen zu. Aber so verstand sie es nicht. Kim schwieg und sprach reißend, redete in ihrer Blutsprache: Seht, da sind Adern im Gestein, hinter der Maske atmet wer. Vielleicht hat sie das auch nur zu sich selber sagen wollen, als blutrote, entzündete Selbstvergewisserung, eine Feuertaufe jeden Tag.

Viele Wochen ging das so, Monate, mehr als ein Jahr – dann hörte sie plötzlich auf, von einem Tag auf den anderen. Sie ließ sich nicht mehr hören in ihrer Reiß-, Blut- und Feuersprache. Und sie redete nicht mehr zu sich selbst. Mundtot, handtot, feuertot war sie geworden auf einmal.

War jetzt Hoffnung, dass sie zurückkehrte, dass die Augen heller würden und einen Blick freigäben hinter die Stirn?

Kim ließ auf sich warten.

Und wir warteten. Gespannt, neugierig, aufmerksam zuerst, dann müde – zieht das Warten sich zu lange hin, wird Gewohnheit daraus, kühle oder getroste, verzagte oder unwirsche Gewöhnung. Kim war da, Kim sprach nicht, Kim blutete nicht.

Aber Kim brannte.

Da war sie allein – nicht nur innen. Es war ein

Versuch: Weil wir uns nicht augenscheinlich sorgen mussten, gönnten wir uns Momente der Sorglosigkeit. Es war ein Tag in der Sommerhitze, ein Tag im Fels, Klettern im Überhang. Seit Jahren konnten wir nicht mehr am Seil durch die Wände gehen, mit rauen Händen, zerschundenen Fingern greifen und lachen dabei.

Es war ein Versuch. Es war ihr Entschluss. Sie ließ uns gehen und ging. Im Feuer.

Mit dem Benzin vom Rasenmäher, aus dem Kanister im Gartenhaus, muss sie sich übergossen haben, sich, das Sofa, den Teppich, das Bücherregal. Wir haben von ferne Sirenen gehört, dann das Blaulicht entdeckt und bald begriffen, dass es unser Haus sein müsste, das brennt. Reglos, gelähmt standen wir, ohne Sprache. Und als sie, was von Kim noch zu finden war, aus dem Haus trugen, aufgebahrt, sah ich ihre letzten Augenblicke vor dem Brand. Sie wird gesungen haben (Ich habe sie nie singen hören.), ein Lächeln um Augen und Mund.

Was sie noch sagen wollte, wissen wir nicht.

Schweigen

Der Nachttisch ist sehr leer. Ich habe Medikamente erwartet, Binden, ein Thermometer, die üblichen Diabetes- und Kreislaufmittel, die silbergraue, zerkratzte Nierenschale mit einem Tuch oder Papier darin, all das, was ich von Hunderten Besuchen kenne. Dieses Nichts an Mitteln und Gegenständen spüre ich wie einen Schmerz, wie ihren Schmerz, von dem ich in Wahrheit doch nichts ahne.

Ich weiß nur, wie ihr Name lautet und wie alt sie ist: Helena, dreiundneunzig. Eben ist ihr Sohn aus dem Zimmer gegangen, der mir die Tür aufschließen musste, mürrisch. Er mag Besuche nicht, auch die nicht, die ihm selber gelten. Er wird Sascha heißen, Arthur, Erwin, er wird einen Namen tragen, den es hier bei uns fast nicht mehr gibt. Sein Blick, mit dem er öffnete und mit dem er mich nicht willkommen hieß, ist so zerschlissen wie der Hemdkragen, den er trägt; ein Jeanshemd, graublau, altmodisch in die zu enge Hose gezwängt – er geht wohl nicht oft unter Leute. Kann ich nicht, der Mutter wegen, sagt er nicht. Aha, meint er nur, als ich sage, dass ich die Mutter besuchen will, die Geburtstag hatte, und die Alten, die Ganz-Alten interessieren mich, sage ich nicht. Das geht ihn nichts an. Er würde es sich auch nichts angehen lassen.

Er führt mich in das Zimmer, das ihr gehört, die letzten fünfzehn Quadratmeter ihres Leben. Zusammengeschrumpft der Raum von kasachischen Weiten auf vier weiße Wände, Raufaser, Teppichboden, Pfeffer und Salz, denke ich. Ein helles Zimmer, überraschend hell, zu hell für mein Vorurteil, Einsame müssten es dunkel haben. Dass sie einsam sei, ist mir erzählt worden, von Menschen, die den Weg zu ihr nicht finden.

Der Nachttisch ist sehr leer. Keine Postkarte vom Enkel, kein ungelenk-kindliches Bild vom Urenkelchen in Hamburg, keine Fotografie aus alten Zeiten, der Mann in Feldgrau, die Hochzeit in Weiß mit Blüten und Orden, mit ernsten Blicken, es war zu viel Krieg im Land. Viele solcher Fotos hab ich gesehen, sie gehören dazu, und die Geschichten gehören dazu: Kriegstrauung, Flucht übers Eis, ein Kind bestattet, den Bruder »im Feld« gelassen, der Vater spät zurück und fremd, die Mutter mit Schwielen an den Händen und am hart gewordenen Herz. Ob sie je solche Bilder hatte? Der Sohn sagt: vor 13 Jahren, aus Russland, nachgekommen, deportiert, damals war ich noch nicht da, jetzt ist sie da, Vater gestorben, hier. Karge Worte sind das, unter der Tür gesprochen, während ich ihr die Hand gebe, der fremden Frau in ihrem fremden Bett.

Sie riecht nicht; oft riechen sie, nach Alter, nach Urin, nach Salben, nach Jahren und Unmut, nach Müdigkeit und von den ungewaschenen Haaren, an die sie sich gewöhnen mussten, weil keiner mehr achtet auf ihr blondes, braunes, verblichenes Haar; weil es nicht mehr im Wind wehen darf oder sich auftun kann für eine zart-fordernde Männerhand.

Kein Bild, kein Schmuck, kein Kreuz. Ein Bett, ein Schrank, ein sehr leerer Nachttisch. Vier weiße Wände, ein großes Fenster (überraschend hell ist es hier) und die nun geschlossene Tür.

Ich frage, versuche, ein Gespräch zu knüpfen, aber sie betritt das Netz nicht, will sich nicht tragen lassen. Ich biete mein Interesse an, trag es auf Hand und Mund, ich werbe um Erinnerungen und zahle gerne den Preis meiner Aufmerksamkeit dafür – jetzt bin ich da, bei ihr, und bin keiner von denen, die weghören, weil sie die alten Geschichten schon kennen, so oder so. Ich höre die Nuancen und höre sie gern.

Ich kann Sie nicht verstehen, sagt sie – und ich weiß nicht, ob sie ihre Taubheit meint oder mein offenes Ohr. Wer sollte Interesse haben an ihr? Das hatte keiner.

Und ich weiß nicht, worüber sie schweigt, da die Welt keine Töne mehr hat für sie.

Zehn Jahre in Haft, im russischen Gefängnis, das Brüllen der Wärterinnen, schlimmer als Männer, wenn wir aufstehen mussten; das schrille Beißen des Hungers am Ende einer viel zu kalten Nacht und von der Angst wirst du nicht satt. Hier gab es keine Lieder. Die Fäuste klangen dumpf, wenn die Mitgefangenen schlugen und ich schweigen musste dazu. Das geht, wenn es dir selber gilt, das macht dich stumm, wenn du der Freundin helfen wolltest, die über deinem Schweigen zur Feindin geworden ist. Der Pfiff der Zugmaschine, die mich an den Ort fuhr, den sie mir zum Zuhause bestimmten, das Lechzen und Keuchen des Mannes, der mich nahm und wieder wegwarf, und die laute Trunkenheit des Mannes, der mich heiratete. Der fordernde Schrei des Sohnes in der Nacht, die Sirene der Fabrik, der Verkehr nahm zu und die Schüsse in der Nacht, nach denen es nicht still wurde, der Nachbar prügelte und aus dem Radio die Reden rissen nicht ab. Als ich fort sollte der Fluglärm, als ich ankam das fremde Wort. Und weil ich so schwer bin und mich nicht bewegen kann, schlägt mich der Sohn.
Es ist gut, taub zu werden, zu sein.

Ich bin sicher, zu sprechen könnte ihr helfen, da wird doch viel Last sein, die sie loswerden muss, denke ich mir. Aber sie hört meine Fragen nicht, und ich höre nicht, wovon sie schweigt.

Ich gehe dann, und komme wieder vorbei, bei Gelegenheit, beizeiten, sage ich, und sie versteht es nicht. Soll sie so schweigsam gehen müssen? frage ich nicht.

Sie sieht mich zum Abschied nicht an, wendet den Blick zur Seite, zum Nachttisch. Der Nachttisch ist sehr leer.

Spüren

Ein jeder ist sehr einsam in dem Versuch, sich selbst nicht zu spüren. Wie fühlte es sich an, ein Tier zu sein? Hund oder Hase, einer der Spatzen vielleicht, die unter den Tischen die Krumen sammeln und nicht denken müssen, dass sie doch lieber auf den Stühlen säßen und zu denen gehörten, die achtlos Brot fallen lassen. Das es heute noch nicht gab, weil der Bäcker, der ihm manchmal einen alten Kanten gibt, Ruhetag hat. Ruhe wäre schön.

Nichts zu tun zu haben, heißt nicht: ruhen. Stunden müssen ertragen werden, Zeit ist fortzujagen, die Anderen gilt es zu meiden, jene, die Straßen und Orte beanspruchen und die rüde sind. Und wenn die feuchte Kälte durch die Kleider kriecht und selbst der lange Mantel nicht mehr nützt, den ihm die Hagere aus der Kleidersammlung geschenkt hat, dann muss er Höhlen suchen und ein Feuer, das ihn wärmt und von dem er nicht vertrieben wird.

Besser sind die Tage, da es kein Feuer braucht. Da es sich in den warmen Abenden verliert, dieses Brennen von innen her. Manchmal flackert es nur noch ein wenig – das sind die guten Zeiten. Dann brennt auch die Scham nur auf kleiner Flamme, der Schmerz hält die Grenzen ein, die er ihm gesetzt hat, um nicht schreien zu müssen. Das wenigstens hat er gelernt, nachdem all das Erlernte nicht geholfen hat: Er ist ein Meister der Scham geworden, und ein Gezeichneter vom Schmerz.

Scham und Schmerz – die er nicht zulässt, wenn es irgend geht; die er verbirgt hinter dem Wenigen, das er am Leib und in den Händen trägt. Er ist ja selber kaum zu sehen hinter Haar und Bart und Furchen.

Wie das alles gekommen ist, fragt keiner. Und ihn selbst interessiert es nicht mehr. Er darf nicht fragen und forschen und zu verstehen suchen, er kann nur jetzt sein. Jetzt und hier oder gar nicht mehr. Das wünscht er aber nicht, weil zu wünschen hieße: sich zu spüren. Er hielte es nicht aus.

Er meidet sich, wie ihn die Vielen meiden, die einen Bogen machen um seinen Geruch, sein dumpfes Schweigen – oder seinen Lärm, wenn er getrunken hat und für einen Rausch vergisst, dass er sich nicht versuchen sollte.

Ein wenig Würde liegt darin, ein Ärgernis zu sein.

Wachen

Bitte – gib mir die Bürste.

Ja, aber lass mich das doch tun, lass mich dir die Haare bürsten. Ich mach das gerne!

Ich weiß. Ich will aber … selber.

Das strengt dich so an.

Bitte … ich will es selber machen. So wenig, was ich noch tun kann … so wenig, bis …

Aber ich mache es gerne für dich. Ich …

Nicht, nein, nicht wieder, nicht schon wieder. Du … hast immer alles für mich gemacht, hast mir immer alles aus der Hand genommen.

Aber …

Bitte!

–

Willst du nicht ein bisschen schlafen? Ruh dich doch aus!

Wovon denn? Wovon soll ich mich ausruhen?

Das strengt dich doch alles an: wenn die Schwester kommt und dich drehen muss, wenn wir dich waschen. Jeder Besuch ist anstrengend. Heute Morgen, der Heinz, der war so laut und hat dich ständig etwas gefragt. Du musst doch müde sein!

Ich bin nicht müde.

Doch, du kannst ja kaum die Augen aufhalten.

Du … du strengst mich an.

Ich, mein Gott, ich will doch nur …

Ja, du willst. Lass mich doch einfach.

Ich denke eben, es wäre gut für dich, einen Moment zu schlafen.

Gut? Für mich ist nichts mehr gut.

Ja, ich weiß.

Versteh das doch bitte! Wenn ich schlafe, kann ich nicht sterben – ich muss wach sein zum Sterben.

–

Müssen wir immer noch streiten? Ich hab nur noch ein paar Tage und wir streiten immer noch.

Ich will das ja auch nicht.

Aber ich, vielleicht will ich das. Vielleicht will ich zuletzt doch noch recht haben. Vielleicht … will ich einfach mal, dass du ruhig bist und … gelten lässt, was ich sage.

Das … ist … gemein.

Nein, bitte, versteh mich richtig. Ich meine das nicht böse. Ich will dich nicht kränken. Lass uns nur mal ehrlich sein, am Schluss. Wir haben uns geliebt, wir haben zueinander gehört, das … war gut … so. Aber wir haben nie wirklich geredet miteinander.

Und jetzt?

Lass uns still sein. Dann streiten wir auch nicht.

Aber wir müssen doch …

Nein!

… darüber reden?

Nein, es ist, wie es ist.

Hast du Schmerzen?

Ja.

–

Ich danke dir.

Du dankst mir? Aber, wofür … Ich meine … was habe ich denn Besonderes getan?

Du warst für mich da!

Ich bin deine Frau!

Hier liegen andere, deren Frauen das nicht aushalten. Die sind allein. Du hältst es aus, hier, mit mir.

Ich liebe dich.

Ja, du lässt mich nicht allein.

Ja, aber weißt du … manchmal …

Ich weiß, manchmal fällt es dir schwer. Ich spüre das – und ich versteh es auch. Ich bin dürr und verfallen, ich huste und schmatze und verschlucke mich, dieser verfluchte Krebs stinkt aus mir heraus – ich finde mich ja selber zum Kotzen!

Nein, ich …

Doch! Doch – aber das ist nicht schlimm, wenn du dich ekelst. Ich mach in die Windel, ich rieche nach Urin, meine Haut ist fleckig und gelb – ich schlafe den halben Tag und halt dich wach in der Nacht.

Ja, aber … ich liebe dich, ich bin deine Frau.

Ja. Ja, und du bist noch da. Du hältst mich aus.

Du würdest das auch für mich tun.

Ich … ich glaube schon.

–

Ich danke dir.

Das hast du schon getan.

Nein, ich meine … für die ganze Zeit mit dir.

Es war eine gute Zeit, nicht wahr? Alles in allem: gut.

Ja.

Manchmal hat's auch wehgetan mit dir. Manchmal haben wir einander wehgetan.

Ja.

Aber wir sind zusammengeblieben. Und es gab wunderbare Augenblicke.

Ja. Die gab es. Für die, genau für die dank ich dir. Ich danke dir, dass du damals, bei der Scheidung, unten im Park gewartet hast – und es hat doch so geregnet. Ich danke dir für deinen Blick bei unserer Trauung, der nur mir gehört hat; für dein Lächeln, diese ganz und gar erschöpfte, atemlose Freude, als Julian geboren wurde. Ich danke dir, dass du es bis heute liebst, wenn ich deine Brust küsse; und dass du manchmal so gestrahlt hast, anmutig, die Schönste von allen auf irgendeinem Fest. Ich danke dir, dass du nicht gelacht hast, als ich in den Wellen herumgesprungen bin wie ein Kind …

Daran erinnre ich mich gar nicht mehr: dass ich nicht gelacht habe.

Ja … das macht nichts. Ich danke dir, dass du auf dem Gespräch bestanden hast, als ich mit Klaus brechen wollte; ich danke dir, dass du mich gelehrt hast, dass ich wichtiger bin als mein Beruf.

Weil du mir wichtiger bist.

Ich danke dir, dass wir uns immer wieder versöhnen konnten, wenn Streit war, ich … du … du ich kann nicht mehr.

Ja, es ist gut. Hast du Schmerzen?

Ja. Es geht. Ich schlaf jetzt ein bisschen.

Ich hab dir auch zu danken!

Nachher. Später.

–

Johannes hat angerufen.

Johannes? Wieso, woher …?

Ich habe ihm geschrieben, vor zwei Wochen.

Aber … wo hast du seine Adresse her? Wir haben doch nie über ihn gesprochen.

Sie steht in deinem Adressbuch, auf dem Schreibtisch.

Warum machst du das? Wenn ich gewollt hätte, dass er weiß, wie krank ich bin, wenn ich ihn hätte wissen lassen wollen, dass ich sterbe, dann hätte ich mich schon selber gemeldet.

Er ist dein Sohn. Meinst du nicht, er hat ein Recht …

Recht? Was für ein Recht denn? Er hat sich nie gekümmert. Er hat mir nie geantwortet. Das hätte er ja mal können, auch gegen seine Mutter. Er ist ja alt genug, oder?

Ja. Aber jetzt hat er angerufen.

Und was will er?

Ich soll dich grüßen.

Aha.

Er will dich sehen.

…

Soll ich ihm sagen, dass er kommen kann?

…

Du kannst es dir ja noch überlegen.

Nein. Ich habe zum Überlegen keine Zeit mehr. Ich … er soll … kommen.

Bist du sicher?

Ja. Ich muss … noch Abschied nehmen.

Bist du sicher, dass du das kannst?

Ich weiß nicht. Aber Johannes … Das ist der letzte Abschied, der mir noch fehlt.

Dann ruf ich ihn an.

Ja, wenn du das kannst.

Ich kann. Um deinetwillen kann ich.

Aber er muss sich beeilen.

Das ist ihm bewusst. Er sagte am Telefon, dass er morgen hier sein könne.

Dann bin ich morgen auch noch hier.

–

Hast du Schmerzen?

Ja … aber es geht.

Nein, es geht nicht. Ich seh dir das doch an, du zuckst. Und du stöhnst. Ich hör es doch.

Doch, es … nein, es geht nicht. Aber ich will wach bleiben.

Aber du musst doch keine Schmerzen haben. Das ist doch nicht nötig. Bitte, lass mich die Schwester holen. Die erhöht dir die Dosis, dann wird es besser.

Aber ich will nicht schlafen.

Wenn du Schmerzen hast, kannst du auch nicht in Ruhe gehen, dann tut jeder Schritt weh … und du erreichst dein Ziel nicht, weil du vor Schmerzen keine Kraft mehr hast.

Meinst du?

Glaub mir!

Ich habe Angst zu verschlafen! Dass ich es verpasse und bloß hinüberdämmere. Ich will den letzten Schritt doch ganz bewusst tun.

Ja, aber deine Schmerzen werden dich bewusstlos machen. Bitte – lass dir etwas geben!

Aber ich will es nicht verpassen! Ich will es auf keinen Fall verpassen!

Das wirst du nicht. Wenn du keine Schmerzen mehr hast und einschläfst, dann wecke ich dich … dann wecke ich dich, bevor du stirbst.

Gut.

Lahmen

Amyotrophe Lateralsklerose. Bald werde ich dieses Wort nicht mehr aussprechen können. Es geht mir ohnehin schwer von den Lippen. In meine Sprache übersetzt bedeutet es: Sterben, mühevoll. Meine Gesichtsmuskulatur, meine Zunge werden – recht bald wohl – gelähmt sein, dann vermag ich nichts mehr zu sagen. Schauen werde ich können, denken und Lust haben, Sehnsucht nach Berührung und Leidenschaft, aber sprechen werde ich mühsam, kaum noch, gar nicht mehr. Eine Weile könnte ich mich noch mit »ALS« behelfen; aber ich mag Abkürzungen nicht. Dabei wird ja nicht nur ein Wort zurechtgeschnitten, da wird mein Leben gekürzt. Und für das, was mir in die Tage schneidet, was mir den Faden zerreißt, soll es bloß drei Buchstaben geben? Das ist nicht angemessen!

Nein, das ist lächerlich – und wenn mich das Lachen schüttelt gegen meinen Willen, gegen die Tränen, die ich doch weinen will, wenn mich der Schalk packt wie ein böser Geist, dessen Namen keiner kennt und dessen Zahl Legion ist, wenn die Seele durchwühlt wird von Wellen, die ich nicht beherrsche, von einer beißenden, kitzelnden Flut vom Zwerchfell her, wenn die Verzweiflung eine grinsende Fratze hat, dann brülle ich diese drei Buchstaben doch vor mir her und den anderen ins Gesicht, als seien sie ein Witz zum Schenkelklopfen, zum Sichfortwerfen. Was ich nicht in Erwägung ziehe.

Ich weiß noch nicht, wie die Lähmung voranschreiten wird, von oben nach unten oder von den Füßen hin zur Stirn, von innen heraus oder von der Haut in mein Zentrum, in meine Mitte hinein. Das ist noch nicht ausgemacht.

Wer macht das eigentlich aus? Mein Körper? Der hat keine Macht mehr. Gott? Oder hab ich selbst ein Wörtlein mitzureden, eines, das nicht abgekürzt werden soll: ein langes, ein tröstliches oder wenigstens ein schmerzfreies Wort?

Heute kann ich die Arme noch etwas anheben, langsam einen Fuß vor den anderen setzen und ein wenig sogar den Kopf noch wenden. Das ist sehr viel! Der Rollstuhl steht schon bereit, das Pflegebett ist angefordert. Und wer immer mir die Hand reichen kann, ist verständigt worden. Auch zum Sterben habe ich einen Ort. Das ist mehr, als mancher sagen kann.

Wie lange noch? Der Arzt antwortet nicht, wie sollte er auch. Und ich vermag es nicht zu erspüren, Seele und Fleisch sind nicht mehr verbunden, ich ahne mich nur noch, aber ahne mein Ende nicht. Ich könnte es selbst setzen, noch kann ich es; und Hilfe wird es geben, wenn ich sie suche. Davon hat man ja gehört. Es ist nicht aus der Welt, aus der Welt zu gehen. Der Weg müsste nicht so anstrengend sein.

Ich werde gelähmt sein, am Schluss geht auch der Atem am Stock und geht dann in die Knie. Aber ich will diesen Weg zu Ende lahmen. Ich mag keine Abkürzungen.

Wissen

Stark werde ich sein. Ich werde stark sein.

Sie sagen: Das brauchst du nicht. Aber was wissen sie schon. Sie kennen die Atemnot nicht, wenn sich die Furcht wie Nebel auf die Lunge legt, Nebel aus Rauch, den du nicht einatmen darfst, sonst erstickst du daran. Kaum, dass du es merkst.

Ich werde stark sein.

Lass dich doch fallen. Sagen sie. Aber was wissen sie schon. Sie haben die Bodenlosigkeit nicht gesehen, diesen Brunnen ohne Grund, in den ich stürzen werde. Da ist kein Ziel, da ist bloß Fallen ohne Halt. Du wünschst zu zerschmettern, aber du fällst in einem fort.

Stark werde ich sein.

Sie sagen: Stimme doch zu. Aber was wissen sie schon. Sie hören den Lärm nicht, der das Trommelfell zum Platzen bringt, den ich spüre mit Haut und Haar und der auf die Stirn schlägt wie ein Stein, wie der Klöppel einer Glocke. Und ich verstehe mich selbst nicht mehr, kein einziges, hilfreiches Wort.

Ich werde stark sein.

Gib dich hin. Sagen Sie. Aber was wissen sie schon. Ich habe nichts mehr zu geben, ich habe mich verloren, bin ausverkauft und fortgetragen. Was immer ich zu halten suche, gleitet mir aus den Händen. Den kleinen Rest, der sich noch spürt, der noch »ich selber« sagt und »ich bin«, den will ich sparen, damit ich nicht vergesse.

Stark werde ich sein.

Sie sagen: Wir lassen dich gehen. Aber was wissen sie schon. Sie begreifen nicht, wie gefangen ich bin in ihren Stimmen, ihrem Rat, der Ungeduld, mit der sie mich fortschicken. Und sie spüren nicht, wie sehr die Füße schmerzen vom Gehen jeden Tag, wie müde die Beine sind, zu müde für einen letzten Schritt, wie klein der auch sei.

Ich werde stark sein.

Nimm Abschied. Sagen sie. Aber was wissen sie schon. Sie ahnen nicht, wie sehr es schmerzt »Leb wohl« zu flüstern – aber da ist kein Leben mehr. Der Riss, den ein Abschied reißt, der heilt nicht mehr, der bleibt als Wunde und bricht auf mit jedem Blick über die Schulter. Und was ich zurückließe, das weint mich doch an, ich bliebe ungetröstet.

Stark werde ich sein.

Ich werde stark sein, bis ich nicht mehr muss. Ich muss nicht mehr stark sein, wenn sie schweigen.

Schmerzen

Mein Schmerz. Es ist recht lange her, seit er sich zum ersten Mal gemeldet hat – und vielleicht war ich zuvor nur unaufmerksam, unhöflich, und habe ihn schon viele Male nicht bemerkt, ehe ich ihn wahrgenommen habe. Ihn, diesen einen, meinen, diesen besonderen Schmerz, ausgezeichnet vor allen anderen Schmerzen. Es täte mir sehr leid, wenn ich ihn verletzt hätte!

Mir haben, bevor ich ihn entdeckte, schon oft die Gelenke Kummer bereitet, der Rücken hat mir übel mitgespielt und Kopfschmerzen kenne ich von Kindheit an – aber das sind Allerweltsschmerzen, die jeder einmal spürt; die sind auf der Durchreise und schütteln den Staub von den Schuhen, wenn ich sie abgewiesen habe. Mein eigener Schmerz – der gehört nur mir. Mag er Freunde und Verwandte haben bei anderen – bei der Frau im Nachbarzimmer oder dem Mädchen, das ich morgens nach der Mutter rufen höre –, er ist doch mein und unverwechselbar. Das habe ich freilich lange nicht gemerkt, das habe ich erst spät entdeckt, als er sich mir vorstellte in einer traumlosen Nacht, als ich ihn nicht mehr verneinen konnte (dass ich ihn verleugnete, hat ihn verletzt). Damals habe ich ihn dann doch sofort erkannt. Er ist mir wie aus dem Gesicht geschnitten. Er hat meine unruhigen Augen und ihren Glanz, die gleiche hohe Stirn, hinter die er sich nicht gerne schauen lässt, genau wie ich. Manchmal hat er blasse Wangen, dann bedauere ich ihn fast, und oft rote Flecken, tiefe Furchen und einen schmalen, harten Mund. Dann setzt er mir zu, dann fürchte ich ihn und wäre froh, er kennte mich nicht, ginge an mir vorüber wie an einem Fremden, den man nicht grüßen muss. Inzwischen bin ich schweigsamer geworden als mein Schmerz, aber wir schreien uns beide nicht mehr an, wie wir es taten, als er neu war für mich und ich ihn nicht gerne bei mir hatte. Das ist ein Fortschritt. Vielleicht werden wir einmal Freunde?

Wie ich schon sagte: Es ist lange Zeit her, seit ich ihn bemerkt habe das allererste Mal. Ich muss ihn nicht beachtet haben lange zuvor, denn er war gleich sehr fordernd. Er schlich sich nicht ein, er strich mir nicht zuerst mit einem leichten Brennen über die Haut oder klopfte sachte an die Brust, damit ich mich öffne. Nein: Er stach zu.

In die Magengegend zuerst, sodass mir augenblicklich übel wurde; nur für eine kurze Weile, etwas mehr als einen Moment – aber da wusste ich: Er ist da. Im Grunde war ich erleichtert, denn ich habe seine Ankunft gefürchtet. Ich malte ihn mir in den schlimmsten Bildern aus: als Druck auf die Schultern, ein Würgen am Herzen, als Prügel gegen die Arme, als Stechen in den Lenden, Schläge gegen die Stirn – und dies alles in einem fort, ohne Verharren, ohne Einhalten, ohne Atemholen, anstrengender fast für ihn als für mich. Aber genug, mehr als genug für mich.

Ja, genug. In den ersten Monaten genügte der Schmerz, um mich selbst zu finden. Weil er sagte: Krank bist du, krank und verletzt. Ich konnte das nicht überhören. Andere habe ich zum Schweigen gebracht: meine Frau, den Freund, die Sorge, die Fragen der Kinder, Alpträume, Gedanken und Angst. Aber mein Schmerz ließ sich nicht den Mund verbieten. Ich musste es sehen, gestehen, ich musste mich dreinfinden: Du bist getroffen; du weichst nicht mehr aus.

Ich betone es ausdrücklich: Ich bin ihm dankbar, dass er immer lauter wurde, dass er mich, nach dessen Bild er wohl geschaffen ist, nicht im Stich ließ. Niemals. Er ist treu! Wenn ich mich wieder für die Flucht entscheiden wollte, wenn ich wieder einmal die Augen verschließen und mit dem Leiden abrechnen wollte, dann zupfte, trat oder schlug er mich – nicht unbarmherzig, eher wie aus Freundschaft, wie einer dir auf die Schulter schlägt, um dich zurechtzubringen. Er tat es, damit ich mich nicht abwende von mir selbst, mich nicht zurückziehe von der Aufgabe, die mir gestellt war und ist.

Wir haben sehr gefochten miteinander, haben uns böse Namen gegeben. Ich nannte ihn gottverdammt und ich verfluchte ihn; das hat ihm gewiss wehgetan. Aber er ist bei mir geblieben, hat mir verziehen immer wieder, hat nie das Weite gesucht. Nun, wohin sollte er auch gehen? Wir sind aufeinander gewiesen.

Heute kämpfen wir nicht mehr. Er hat seinen Platz gefunden, ich habe ihm Raum gelassen, wir sind einander nicht mehr fremd, kennen des anderen Gewohnheiten sehr gut. Weil ich verstanden habe, begegnen wir einander ohne Argwohn. Wir vertrauen einander. Jüngst hat er mir angeboten, still zu sein – da ich nun bei mir bin, muss er mich nicht mehr mahnen.

Ich habe das gerne gehört, denn es gibt Zeiten, da wird er mir zum Feind, da lässt er nicht ab, obwohl ich doch begriffen habe. Als habe er Lust am Wehtun, als quälte er gerne. Ich will ihm nichts unterstellen, aber dann hört er nicht auf mich. Ich erkläre, frage, flehe, aber er macht sich hart wie Stein und verschließt sein Herz (wenn Schmerzen ein Herz haben, ich weiß es nicht). Dann hasse ich ihn. Vielleicht will er ja, dass ich auch das noch spüren kann, dass wir uns nicht zu sehr verbrüdern und ich vor lauter Demut und Schicksalsergebenheit nicht Gefahr laufe, ihn höher zu achten als mich selbst.

Der Arzt, die Schwestern geben mir Medikamente. Nicht gegen den Schmerz, sage ich gerne, sondern damit wir beide etwas ruhen können, er und ich, von dieser schweren, anstrengenden Zeit. Damit wir in aller Stille warten können, bis wir uns dankbar in die Augen sehen, eins werden und gehen. Ich bin sicher, er sehnt sich auch danach, dass seine Arbeit ein Ende findet und er verwehen kann.

Vergessen

Irgendwas war da noch. Ich hab was vergessen, was Wichtiges. Glaub ich. Lisa ärgert sich. Lisa fragt sich, warum sie immer alles vergisst. Herrgott Lisa, hat die Moni schon paar Mal gesagt, vergiss doch nicht immer alles. In letzter Zeit wird das immer schlimmer. Dabei meint's die Moni gar nicht böse. Sie stellt das nur so fest, sagt sie, nur so, nebenbei. Und die Moni hat recht. Die Mama hat's ja auch schon gesagt, früher. Vor Jahren. Ganz oft. Lisa, Lisa, träum doch nicht so. Mensch, wenn dir der Kopf nicht angewachsen wär – den würdest du auch noch vergessen, schusselige Lisa. Die Mama. Hat gar nicht gelacht dabei. Die ist jetzt auch schon tot. Aber die Mama, ihre Mama, hat die Lisa nicht vergessen. Die nicht.

Na, wird schon nicht so wichtig sein. Sonst fällt's mir bestimmt wieder ein. Denkt die Lisa. Schließt auf, ganz außer Atem. Wie immer. Fünf Stockwerke – und die Treppe ist steil, sehr steil. Die Beine tun Lisa weh, der Bauch tut ihr weh, das hat sie manchmal. Außerdem stinkt es im Treppenhaus. Ganz gottserbärmlich hat die Mama gesagt. Stimmt. Darum hält Lisa beim Treppensteigen den Atem an. Solang es eben geht. Es stinkt nach Katzenpisse und Müll. Der

Angerhaus, der immer schimpft und rumbrüllt, der legt seinen Abfall einfach vor die Tür. Zwei, drei Säcke manchmal. Und dann bringt er sie tagelang nicht runter zu den Tonnen. Drecksau. Sollst du nicht sagen. Meinte Mama immer. Aber wenn's doch stimmt. Dem verrottet das Zeug in den Säcken, die Katzen von der Uta reißen dran rum – und der kümmert sich einfach nicht. Drecksau! So!

Die Lisa lächelt ein bisschen. Mutig, gell?

Und dann schreit er auch noch so rum, wenn die Kinder mal ein bisschen laut sind. Lisa lächelt nicht mehr. Ihr ist kalt. Ganz außer Puste kann sie ihren Atem sehen, ein Hauch, wie Rauch in der Luft.

Die Kinder. Sind im Bett. Schlafen. Hoffentlich! Denkt die Lisa und öffnet vorsichtig die Tür. Schnell, damit der Gestank draußen bleibt, aber vorsichtig. Sollen nicht wach werden, die Kinder, brauchen ihren Schlaf, sorgt sich Lisa. Und sorgt sich gut, findet sie. Kann sich gut Sorgen machen; das hat sie von der Mama gelernt. Der Mama, ohne Papa. Lisa hat den Papa nie zu Gesicht bekommen. Na, und wenn schon: Will sie gar nicht. Einen, der sie sitzen lässt, einen, der sich nicht kümmert, der nicht weiß, wie man sorgt, der kann ihr gestohlen bleiben. Mama hat sich gesorgt. Rührend! Haben die Leute immer gesagt. Die Nachbarin Becker und der lange Ferdi von oben:

Weißt du auch, wie rührend deine Mama für dich sorgt? Da musst du ihr aber dankbar sein!

Das versteht die Lisa nicht richtig: rührend? Die Mama hat die Lisa doch nie berührt. Ach, lass mich in Ruh. Fass mich nicht an, ich bin hässlich. Die Lisa fand die Mama nicht hässlich. Nein. Nur wenn sie im Bett lag, mit offenem Mund, und ihr der Spuckefaden aus dem rechten Mundwinkel hing (immer der rechte), wenn sie kaum die Augen aufgemacht hat und bloß noch lallen konnte. Manchmal hat die Mama dann auch gestunken. Nicht nach Müll, nach Klo. Dann hat die Lisa ihr das Bett frisch bezogen, so gut es halt ging, und hat ihr geholfen zu duschen. Dann roch sie wieder gut. Die Lisa hatte die Mama doch lieb.

Darum war sie traurig, darum hat es ihr in der Brust, ums Herz herum wehgetan, als die Mama starb. Lisa war bei der Moni damals, weil die sie ins Kino eingeladen hatte. Pretty Woman, mit der dünnen Roberts. Das war lustig. Aber als sie heimkam am nächsten Tag, da war die Mama nicht mehr da. Das war traurig. Etwas mit der Leber, hat die Nachbarin gesagt und seltsam geschaut, mitleidig und dabei gehässig, irgendwie. Als ob die Lisa was dafürkönnte. Kann sie nicht. Das hat der Pfarrer auch gesagt, als die Mama beerdigt wurde, das heißt: die Asche. Die Asche von der Mama, in einer Urne. Das war traurig.

Die Lisa rümpft die Nase. Hier riecht was ganz komisch. An ihr, glaubt die Lisa. Das hat sie schon mal gerochen, aber Lisa kommt nicht drauf. Ist auch egal jetzt. Sie muss nach den Kindern schauen. Ob sie schlafen? Sie sollen doch schlafen.

Lisa, als sie ein Kind war – aber: Lisa unterscheidet nicht in damals und heute, klein und groß, kindlich und erwachsen. Lisa braucht Unterscheidungen nicht. Als Kind war die Lisa immer zu lange wach. Darum hat Lisa die Mama immer weinen gehört, seufzen und fluchen manchmal auch; und wenn ein Freund da war, einer von Mamas Freunden, dann hat sie auch gelacht. Aber selten. Mama war keine Lustige. Lisa ist das auch nicht.

Ab und zu, höchstens. Dann lacht Lisa auch. Das macht Spaß, wenn so ein kleines Lachen im Bauch entsteht (Der Bauch tut weh, warum hat Lisa nur so Schmerzen im Bauch?); ganz klein erst, erbsengroß, denkt Lisa, wenn sie sich ein kleines Lachkind vorstellt, da drin in ihrem Bauch, ein Lächelbaby. Das kann sie spüren, das bewegt sich. Es tritt ganz zärtlich mit den lustigen Lächelfüßchen und es greift mit den witzigen Lächelhändchen. Vorwitzige Händchen, denkt die Lisa. Vorwitzig. Das Wort hat sie schon einmal gehört – wer hat das denn gesagt? Ben? Andy? Vergessen! Aber das ist es nicht, was sie heute vergessen hat. Es ist wichtiger, irgendwie. Da war doch noch was …

Und wenn das Lächelbaby zum Lächelkind wird, dann wird es geboren, dann bricht es aus Lisas Mund wie ein Küken aus dem Ei. Lisa hat das mal gesehen, im Naturkundemuseum, als der Frank – das ist einer von Mamas Freunden gewesen – mit ihr dort war. Da gab es einen Kasten aus Holz und Draht. Und da war eine Lampe. Die hat rot geleuchtet, nicht gelb, und nicht so schmutzig weiß wie daheim im Flur – bei Mama daheim, nicht wie bei Lisa, also früher, als die Mama noch gelebt hat und abends geschluchzt hat und manchmal auch gelacht.

Der Frank hat ihr alles gezeigt: die Wespen und die Spinnen, den ausgestopften Löwen und das mit roter Farbe bemalte Zebra – ganz rot, wie Lisas Hausschuhe und wie der Schal vom Teddy – und der Löwe hatte eine Pranke (Das heißt Pranke, hat der Frank gesagt.) im Bauch des Zebras. Frank hat gelacht, als die Lisa ganz entsetzt war, und Frank hat gemeint: So ist das Leben. Fressen und gefressen werden. Die Stärksten überleben und die Schwächsten gehen kaputt.

Dann haben sie noch Affenpuppen angeschaut und alte Steine, die wie Knochen aussahen und sehr seltsame Namen hatten. Der Frank hat dann noch mal gelacht, als sie bei dem nackten Mann und der nackten Frau standen. Die hatte einen ganz dicken Bauch und da war eine Klappe dran, richtig mit einem Knopf zum Öffnen, so ein Knopf wie zuhause am Badezimmerschrank. Und als die Lisa die Klappe aufgemacht hat, war da ein Baby drin, das Kopfstand gemacht hat. Hat der Frank gesagt: Ja, guck nur, das erlebst du auch noch. Und hat der Frank gefeixt und Lisa wusste nicht, warum. Ihr war aber ein bisschen unheimlich dabei.

Jedenfalls sind ihr die Lächelbabys, die Lachkinder lieber als die richtigen. Weil sie kitzeln, wenn sie geboren werden. Die richtigen Babys tun weh. Sehr.

Da war noch was, bestimmt. Jetzt wäre es der Lisa fast eingefallen, weil sie daran gedacht hat, dass Kinderkriegen wehtut. Aber dann war's wieder weg. Kinder. Ja. Sie muss jetzt nach den Kindern sehen. Und es riecht so komisch, an ihr dran, irgendwie. Bei Lisa riecht es sonst nicht so. Das ist ganz seltsam, ungewohnt.

Lisa tritt durch die Tür in den kleinen Flur. Sie zieht die Schuhe aus. Das tut sie immer, Lisa achtet auf Sauberkeit, da kann ihr keiner was nachsagen. Durch die Strümpfe fühlt sie den Läufer, den sie ausgelegt hat, damit die Nachbarn (und vor allem der Angerhaus) die Kinder nicht rennen und poltern hören. Stammt noch von der Mama, der Läufer, hat die Mama der Lisa geschenkt, als sie ausgezogen ist. Kriegst du keine kalten Füße, hat die Mama gemeint. Aber sie hat vergessen, dass in den Zimmern sonst keine Teppiche liegen. Doch immerhin. Der Läufer. Fühlt sich gut an. Eine kleines Gutgefühl gegen den Schmerz im Bauch.

Lisa streift ihre Jacke ab und legt sie auf den alten Stuhl, der im Flur steht und eigentlich zu viel Platz wegnimmt. Er hat auch nur noch drei feste Beine, das vierte ist bloß in die Bruchstelle gesteckt. Wenn die Kinder zu arg toben, fällt der Stuhl manchmal um. Lisa findet das lustig, aber sie muss dann schon schimpfen, weil sie doch eine gute Mama ist. Gute Mamas schimpfen, wenn Kinder laut sind! Darum nimmt sich Lisa immer wieder vor: Pass auf! Wenn der Stuhl umfällt, musst du schimpfen. Aber meistens vergisst sie das, so, wie sie vergisst, dass sie schon längst mal einen neuen Stuhl oder einen Hocker besorgen wollte, vom Sperrmüll oder vom Diakonieladen. Jetzt denkt Lisa auch nicht daran, dass der Stuhl zu ersetzen wäre, dass er umfallen könnte und sie dann schimpfen müsste. Jetzt schlafen die Kinder ja, da toben sie nicht. Hoffentlich schlafen sie. Lisa muss nach den Kindern schauen.

Auf einmal fühlt die Lisa, dass etwas Feuchtes am linken Schenkel, an der Innenseite, herunterläuft.

Lisa wundert sich. Es ist doch zu kalt zum Schwitzen und an den Beinen schwitzt sie eigentlich nie. Das weiß ich doch, denkt Lisa. Wundert sich. Und muss nach den Kindern sehen.

Sie öffnet die erste Türe, rechts im Flur, die mit der aufgeklebten Giraffe und dem Bild, das Celine gemalt hat, als sie noch im Kindergarten war (»Füer maini Mamma«). Eine große Blume, eine Sonnenblume, glaubt die Lisa. Weil Sonnenblumen schön sind, hat Celine erklärt, und weil sie die Köpfe hängen lassen, wenn sie viele Kerne haben. Sieht dann genau so aus, hat Celine erklärt.

Lisa öffnet sehr vorsichtig, die Tür knarrt ein bisschen. Lisa hält den Atem an. Das tut im Bauch weh. Die Lisa muss leise sein – aber heute gibt die Tür keinen Laut von sich. Das ist gut.

Vorne rechts liegt Kevin. Kevin schläft. Ein Glück, denkt Lisa. Kevin ist der Älteste. Das Kind von Ben. Ben – den hat die Lisa wirklich lieb gehabt. Und Ben hat die Lisa auch wirklich lieb gehabt, denkt Lisa. Ben hat ihr Blumen geschenkt (das hat sonst keiner getan) und einen schmalen, silbernen Ring. Wo der wohl jetzt liegt?, fragt sich Lisa. Die Lisa hat vergessen, wo er liegt. Ben war auch lieb, als sie zum ersten Mal miteinander geschlafen haben. Er war zärtlich und hat immer »Maus« zur Lisa gesagt. Das hat er so schön ausgesprochen, dass es wie ein ganz sanfter Kuss klang. Bens Küsse schmeckten immer nach Rauch und alter Zigarette, aber die Lisa hat das nicht gestört. Lisa war doch verliebt. Und wer verliebt ist, den stört so was nicht.

Ben hat sich und der Lisa viel Zeit gelassen, damals, beim ersten Mal und er hat sie immer »Maus« genannt, ständig. Als er dann zu ihr gekommen ist, da hat es doch wehgetan. Aber die Lisa war ja verliebt. Und wer verliebt ist, ganz arg verliebt, wie die Lisa es war, den stört das nur ganz kurz. Dann hat der Ben sich verströmt und hat ganz laut gestöhnt dabei und hat »o Maus« gerufen. Da hat sich die Lisa sehr gefreut und aller Schmerz war sofort weg. Beim Ben hat die Lisa selbst nie einen Orgasmus gehabt, aber die Lisa fand das nicht schlimm. Dem Ben zuliebe hat ihr das nichts ausgemacht.

Als die Lisa dann schwanger war, ist der Ben auch nicht gleich abgehauen, so wie der Ulle. Lisa glaubt, dass sich der Ben wirklich auf das Kind gefreut hat. Das Kind, Bens Kind, das ist der Kevin, der jetzt schläft. Zum Glück. Sicher wäre der Ben heute noch bei ihr, aber irgendwann, als sie schon lang schwanger war, ein paar Monate – so genau weiß die Lisa das nicht, sie hat es vergessen –, da hat die Polizei den Ben geschnappt. Lisa weiß nicht, warum, zu ihr war er doch so lieb. Die Lisa kann sich gar nicht vorstellen, dass er zu anderen böse war. Jedenfalls sitzt er jetzt im Knast. Er will nicht, dass die Lisa ihn besucht, er will sie nicht mehr sehen. Hat er ihr mal geschrieben. Das war der einzige Brief, den die Lisa vom Ben bekommen hat. Der war sehr schwer zu lesen, die Oma Seifried hat ihr dann beim Lesen geholfen. Davon, oder von dem, was im Brief stand, ist die Oma Seifried ganz traurig geworden. Und die Lisa ist auch ganz traurig geworden. Sie hat den Ben ja immer noch lieb, bis heute.

Der Kevin, der sieht ein bisschen so aus wie der Ben. Der hat dem Ben seine Nase und seine Augen. Mit den Augen hat der Ben die Lisa immer so angeschaut, ganz durchdringend, vor allem, wenn er mit ihr schlafen wollte. Als sie dann ihren Bauch gehabt hat, hat er sie nicht mehr so angeschaut. Aber das war bestimmt, denkt die Lisa, weil er mir meine Ruhe lassen wollte. Für eine Schwangere ist Sex voll Scheiße, hat der Ben gesagt, weil er sie schützen wollte, damit ihr nichts wehtut.

Im Moment tut ihr alles weh, der Bauch besonders, und am Schenkel ist es feucht, innen am Schenkel. Und kalt ist es auch, so kalt, dass Lisa ihren Atem sehen kann.

Mensch, flüstert Lisa ins halbdunkle Zimmer, Mensch hab ich mich gefreut, als der Kevin dann da war. Ja, er war dann einfach da. Erst war er in ihr drin, dann war er da. Die Oma Seifert war ganz verwundert und hat gefragt, als der Kevin da war, woher der denn komme: Sie habe ja nichts gemerkt und die Lisa hatte doch fast keinen Bauch gehabt. Und wie sie den Zwerg denn allein auf die Welt gebracht hat, hat die Oma Seifert gefragt, und gesagt, dass das doch gefährlich sei und dass das doch wehtun muss. Aber ich hab ihn nicht gebracht, hat die Lisa geantwortet. Es hat gezwickt und gezogen, ganz arg; es hat schon wehgetan, echt, und dann, und dann war er einfach da. Klein und blutig und so, aber er war dann da. Und der Lisa gehe es ja gut, hat die Lisa der Oma Seifert geantwortet.

Ja, sie war schon ein bisschen krank, der Bauch hat geschmerzt. Immer tut ihr der Bauch weh, denkt die Lisa. Da ist sie mit dem Kevin ins Krankenhaus gegangen. Weil die Mama früher immer gesagt hat: Wenn du mir krank wirst, kommst du ins Krankenhaus. Und dann merkst du schon, was die mit dir machen.

Die haben auch was gemacht, die im Krankenhaus. Eine ganz nette Frau hat ihr geholfen. Und nach ein paar Tagen, da konnte die Lisa wieder mit dem Kevin nach Hause gehen. Was die gemacht haben, das weiß die Lisa nicht mehr. Sie hat dabei geschlafen. Sie hat das vergessen, was die nette Frau ihr erzählt hat. Die

Lisa vergisst ja so viel. Aber bei Kevin, da fand sie das nicht schlimm. Er ist ja da jetzt. Hauptsache, der Kevin ist da.

Lisa lächelt, als sie in sein schlafendes Gesicht sieht. Zehn Jahre ist das her, das mit dem Ben. Kevin hat seinen Kapuzenpulli noch an. Er hat vergessen, ihn auszuziehen. Siehst du, Kevin vergisst auch manchmal was, denkt die Lisa. Lisa hat auch etwas vergessen. Irgendetwas Wichtiges. Da war noch was, irgendwas war da noch.

Janine ist die Tochter von Hansi. Mit dem Hansi war die Lisa nur fünf Monate zusammen. Der hatte lange Haare, schöne, lange Haare, nussbraune, die die Lisa gerne gebürstet hat. Als Lisa dem Hansi sagte, dass sie schwanger sei – morgens, im Bett hat sie das getan, es war ein ganz heller, sonniger Morgen, da hat der Hansi gelächelt. Und dann ist er aufgestanden.

Ich muss zur Arbeit.

Aber du hast doch gar keine Arbeit.

Doch, seit gestern!

Wo?

Überraschung! Ich geh jetzt.

Wann kommst du wieder?

Heut Abend, so um sechs. Dann feiern wir ein bisschen.

Ja!

Seither hat die Lisa den Hansi nicht mehr gesehen.

Janine hat auch geschmerzt, vor der Geburt und bei der Geburt. Danach ging es dann wieder.

Danach kam der Vater von der Sandy; der, dessen Namen die Lisa nicht mehr weiß. Der ist ihr entfallen. Aber der hat sie auch geschlagen. Und mit dem war die Lisa nur zwei Wochen zusammen, weil er sie geschlagen hat. Wenn die Lisa nicht mehr mit dem schlafen wollte, weil er sie geschlagen hat, dann hat er's trotzdem gemacht. Das hat wehgetan. Arg wehgetan hat es der Lisa, als die Sandy gemacht worden ist und als die Sandy aus dem Bauch gekommen ist. Die Sandy hat gleich zweimal wehgetan. Wer der Lisa so wehtut, wie der Vater von der Sandy, dessen Namen vergisst sie. Lieber und sowieso.

Celine hat auch einen Vater, an den die Lisa sich nicht mehr erinnert, wirklich nicht. Da hat eine Nacht genügt, in der die Lisa sehr einsam war, und ein Seufzen, um die Celine zu machen. Schmerzhaft war die Leere am Morgen, da tat die Einsamkeit erst richtig weh, und dieses Gefühl, dass es jeder sein könnte. Jeder. Der Vater. Der Erzeuger, wie Frau Bornholm gesagt hat. Frau Bornholm ist die Frau vom Jugendamt. Frau Bornholm hat gesagt, sie möchte der Lisa helfen. Die Lisa lässt sich auch helfen, mal gern, mal weniger gern. Kommt darauf an. Ob es unangenehm ist oder nicht. Unangenehm ist's, wenn die Frau Bornholm mit der Lisa schimpft, weil sie wieder die falschen Sachen zum Essen gekauft hat, oder gar nichts; wenn Lisa die Betten nicht macht, den Abwasch stehen lässt, den Müll nicht runterträgt oder die Kinder zu lange allein lässt. So wie heute.

An Lisas Schenkel läuft noch immer dieser Faden Feuchtigkeit herab. Das stört die Lisa, das fühlt sich komisch an.

Wenn Frau Bornholm schimpft, stört die Lisa das auch. Aber oft wird die Lisa auch gelobt, wenn sie gut aufgeräumt hat zum Beispiel, wenn genug Milch im Haus ist oder Äpfel da sind, Brot. Nutella bringt die Frau Bornholm manchmal mit und dann freuen sich die Kinder, besonders die Celine; die könnte Nutella mit dem Löffel fressen. Und ab und zu nimmt die Frau Bornholm die Lisa in den Arm. Dann kann sie weinen. Das tut gut. Sonst weint die Lisa nie.

Ist schon gut! Schauen Sie, heut haben Sie an alles gedacht, tröstet die Frau Bornholm die Lisa dann.

Aber heute wird sie die Lisa nicht loben. Irgendetwas war da doch noch, an das sich die Lisa nicht mehr erinnern kann. War das denn wichtig? Die Lisa glaubt schon, aber die Lisa weiß es nicht.

Alle vier schlafen – das ist gut.

Lisa möchte auch schlafen. Wenn die Lisa schläft, kann sie beruhigt alles vergessen. Ihre Bauchschmerzen zum Beispiel. Oder, dass sie immer was vergisst. Das wäre gut. Also geht Lisa in ihr Zimmer mit der Schlafcouch – ein richtiges Bett hat die Lisa nicht, für sie alle ein Bett zu kaufen, dazu hat das Geld einfach nicht gereicht. Und seit die Mama sie nicht mehr unterstützt schon gar nicht. Lisa kann ja auch nicht arbeiten gehen, die Lisa braucht doch Zeit für die Kinder. Die machen sie ganz fertig, die Kinder. Jeden Abend – und manchmal auch tagsüber – ist die Lisa fix und fertig. So wie jetzt. Jetzt will die Lisa schlafen.

Aber da fällt ihr doch noch was ein.

Fürchterlich kalt ist es der Lisa – und da merkt sie, dass der Mantel fehlt. Der alte Mantel, den sie noch von der Mama hat. Ein grau gewordener, dicker Mantel, der mal hellbraun gewesen sein muss, mit einem sehr großen Kragen, den sich die Mama immer hochgeschlagen hat, gegen den Wind. Daran kann sich die Lisa gut erinnern. So richtig schön ist der nicht, aus der Mode (aber die Mode, das kann sich die Lisa eh nicht leisten). Die Lisa schläft immer in ihrem Mantel, sie breitet ihn über die dünne Tagesdecke, die dickeren Decken gehören den Kindern, die brauchen sie nötiger – und Lisa hat ja ihren Mantel, die Kinder haben keinen Mantel.

Den Mantel hat Lisa im Auto vergessen, unten an der Straße, vor dem Haus. Heut hat die Lisa einen Parkplatz vor dem Haus gefunden; das kommt selten vor, darum hat sie auch ganz schnell ins Haus gehen können. Und schnell wollte sie doch, weil es so kalt ist und weil ihr der Bauch so weh tut. Den Mantel hat Lisa vergessen. Na, wenn's bloß der ist. Lisa lächelt. Dass sie auch immer so schusselig ist. Ach, Lisa!

Lisa schließt die Kinderzimmertüre und zieht die Schuhe noch mal an, öffnet leise die Tür ins Treppenhaus (bäh, dieser Geruch!) – jetzt bloß nicht die Kinder wecken, schusselige Lisa!

Sie schleicht die Treppe hinunter, hört beim Angerhaus den Fernseher (immer so laut – und der regt sich über die Kinder auf!) und dann den Straßenverkehr. Leise – obwohl die Kinder das ja nicht mehr hören können, aber Lisa will nicht wieder vergessen, warum sie heruntergekommen ist – leise schleicht sie zu ihrem Auto, dem alten Golf, ganz hässlich orange ist der, aber die Lisa kann sich nicht aussuchen, was sie fährt. Auf dem Rücksitz liegt der Mantel nicht, wo die Lisa ihn sonst immer hinpackt, zwischen die Kindersitze. Muss er wohl im Kofferraum sein.

Lisa klappt den Deckel auf und Lisa erstarrt. Auf dem Mantel liegt das Kind, das Lisa heute geboren hat. Es regt sich nicht, es ist blass, es ist erfroren. Die

Lisa spürt ihre Schmerzen im Bauch, sie weiß jetzt, woher die Feuchtigkeit kommt. Da stürzt die Lisa, hinter ihrem Wagen schlägt sie mit der Stirn auf den Bordstein auf. Nun weiß sie nichts mehr, nun hat die Lisa alles vergessen.

Versprechen

Auf Arthur ist geschossen worden. Tatsächlich. Er hat ihr versprechen müssen, dass das nicht geschieht, er wollte sich in Acht nehmen, nicht vorne dabei sein, nicht den Mutigen spielen. Für wen auch? War doch schon alles verloren, für das er – wenig überzeugt – den Kopf hingehalten hat. Also ducken, still sein, mitlaufen. Aber auf Arthur ist doch geschossen worden. Und Arthur wurde getroffen. Tatsächlich. An der Schulter. Glatter Durchschuss. Das ging noch, da hat Arthur schon ganz andere Verletzungen gesehen … und Tote. Viele Tote, zerfetzte Leiber, entstellte Gesichter, von Freunden und Feinden. Arthur ist nicht lebensgefährlich verwundet, hat der Spieß auch gesagt, hat ihm gratuliert. Aber es tat weh, fürchterlich weh. Wenn du's nicht am eigenen Leib erfährst, weißt du's nicht. Arthur wusste es jetzt. Und wie es aussah: Blut, dunkles, strömendes Blut, er hat es gleich gefühlt, die Wärme des eigenen Lebens am dreckigen Fetzen Hemd. Aber, aber ich muss doch … hat Arthur gedacht, bevor er zu schreien anfing.

Er hat es ihr doch versprochen. Dass sie ihn wiedersieht, und er sie, seine Klara, Klärchen. Bei der Hochzeit – Kriegshochzeit – rasch und mit dem Segen des

Führers, hat er es ihr versprochen: Wir sehen uns wieder.

Arthur steigt aus dem Zug. Ein alter, rasch umgebauter Waggon, schmutziges Stroh. Unendlich müde ist er. Eigentlich müsste er sich freuen. Er hat es doch versprochen. Mancher von den Kameraden tut das, die jüngeren wohl. Viele aber nicht. Drei lange Jahre. Gefangenschaft. In Russland, heißt es immer wieder, aber nach so vielen Wegen, nach so viel Hitze, Nässe, Schnee und Eis, Blasen, Beulen, Husten und Durchfall, nach so viel Tod und zäher, widersinniger Hoffnung hätte keiner sagen können, wo sie tatsächlich waren.

Jetzt ist er hier. Am Bahnsteig auf dem Bahnhof einer fremden, deutschen Stadt, in die er ebenso wenig gehört wie in ein Arbeitslager irgendwo. Arthur ist müde, nur müde. Wegen der langen Fahrt, bestimmt, aber auch, weil sich die Schatten im Herzen nicht vertreiben lassen: der Geruch der Toten, der Gestank in der Baracke, der ständige Hunger, die Furcht vor dem eigenen Freund, er könnte ihn um den Preis eines Brotes verraten, das Gebell der Hunde und das Gebrüll der jungen, traurigen Soldaten, die Kälte, die bis ans Herz reichte, eine Ödnis ohne Farben, grau, grau und schwarz.

Dabei sollte er sich jetzt freuen. Das hat er versprochen: Wenn wir uns wiedersehen, bin ich der glücklichste Mensch auf der Welt.

Und nun steht sie da, Klärchen, Klara, die Frau, die er nie vergessen hat, aber ihr Gesicht verblasste unter den Jahren und den Schlägen, bis er nur noch ihren Namen kannte.

Arthur geht nicht mit. Die Kollegen feiern, und sie feiern bunt und laut, viel Bier und Wein und Sekt ist dabei, und diese leichten Mädchen, von denen Arthur manchmal träumt. Aber Arthur hat es versprochen: Für mich gibt es nur dich, Klara, das versprech ich dir.

Die Kumpel lachen, machen sich lustig: He, nix in der Hose, was? Das schmerzt Arthur, das macht ihn unsicher, weil er doch auch einmal dazugehören möchte, nur einmal, irgendwo dazugehören, nach der Zeit in der Fremde, nach all dem Misstrauen und der Angst, da keiner zu irgendwem oder irgendetwas gehört hat. Komm zu den Weibern, du Flasche, feixen die anderen. Und die Weiber sind verlockend, Arthur lässt das nicht kalt. Die sind ein Abenteuer, die kann er beherrschen, die kann er besitzen, für ein paar Minuten wenigstens.

Aber Arthur hat es versprochen. Ein wenig bereut er's jetzt; er würde den Rausch gerne kosten. Und Klara, würde Klara es überhaupt merken? Arthur geht nach Hause, unter dem Gelächter der Kollegen.

Nein, er schlägt ihn nicht. Carl hat den Hund freigelassen und ihn auf die Katze gehetzt. Carl hat den Hund verprügelt, mit einem dicken Ast, fast hätte er ihn zu Tode geprügelt, er wollte ihn schon in den Fluss schmeißen. Da kam Arthur gerade dazu, konnte das Tier eben noch retten. Mein Gott, was haben wir da für ein Früchtchen herangezogen. Dem gehört doch mal richtig …

Aber Arthur schlägt ihn nicht. Das hat er versprochen. Weil Klara Angst hatte. Du hast so viele Schläge erlebt, dass du selber gerne schlagen würdest, ich weiß das. Wer getreten wurde, tritt zurück. Aber damit gibst du den Schlägern recht.

Arthur sieht das ein, auch wenn sein Gefühl sagt: Hau drauf. Der Junge muss seine Lektion haben.

Aber Arthur hat es versprochen; hat versprochen, dafür zu sorgen, dass es dem Jungen einmal besser geht, und dass er nicht selbst zum Schläger wird. Arthur möchte es anders, möchte die Faust ballen, möchte treten und reißen. Aber Klara fordert sein Versprechen ein.

Er hat versprochen, dem Sohn eine gute Ausbildung zu bezahlen. Er hat versprochen, nicht zu widersprechen, wenn Carl eine Frau mit nach Hause bringt. Er hat versprochen, den Enkeln ein guter Opa zu sein. Er hat versprochen, das Haus zu überschreiben. Er hat versprochen, Platz zu machen. Er hat versprochen, auf Klara aufzupassen, wenn die nur noch ganz schlecht gehen kann. Nicht zu sterben, das hat er nicht versprochen.

Klaras Gedächtnis ist kleiner geworden. Sie weiß nicht mehr, wo sie wohnt. Und wenn sie aus dem Pflegeheim fortläuft, weil sie ihren Arthur sucht, dann findet sie nur selten den Weg zurück. Den Namen ihrer Mitbewohnerin im Bett gegenüber, den kennt sie nicht mehr. Die schweigt auch nur und starrt an die Decke. Die weiß bestimmt schon gar nicht mehr, dass sie lebt.

Aber Klara weiß das noch. Und solange sie lebt, wird sie Arthur nicht vergessen, ihren Arthur, den jungen Soldaten, den Vater, den alten Mann im Rollstuhl, im Bett. Seinen Duft, seine Stimme, sein Räuspern in der Nacht und seine Leidenschaft, seine Tränen, seine Träume. Sie wird ihn nicht vergessen. Das hat Klara versprochen.

Sie wird seinen Tod nicht vergessen und wie er ihr fehlt. Weil sie es versprochen hat, erinnert sich Klara an Arthur und seinen Tod. Seit drei Jahren erinnert sie sich, wie Arthur vor zwei Wochen starb. Immer vor zwei Wochen, jeden Tag vor zwei Wochen, Klara vergisst das nicht. Sie hat es versprochen.

Am Rande

Ganz am Rande stehe ich. Angehalten zum Wortbruch. Dort, wo Anfänge sind, immer. Wo die Worte aufbrechen und ihrer Wege gehen, Raum geben für Sprache und Spiel. Die Straße wird Müh, selig. Du musst auf Risse achten, das Verlässliche bleibt hinter dir, du wagst dich Wort um Wort. Voran. Brich auf.

Zeig mir deine Hände, ich hab sie lange nicht gesehen. Schau nur: Sie müssen schlafen! Ihnen fallen schon die Falten zu und ihre Linien dunkeln ein. Das kommt von den Griffen und von der Faust. Nun lass sie ruhen eine Zeit, sonst werden sie weinen. Und die ungeschauten Träume machen sie hart.

Hier meine Hand: Wir wandern durch den Schmerz. Der ist ein weites Land. Dessen Anfang wir nicht kennen, und der Horizont ist fern. Kahl geworden ist es auf den Matten, nur Flechten ziehen sich über Steine und Holz – graue Steine, totgefallenes Holz. Dort wuchs einst Wort und Wort. Und wir konnten ernten aus Marschland und Moor: Reet für ein Dach, für das Feuer den Torf. Nun ziehen wir durch den Nebel und frieren. Bleiben wir stehen, erstarren wir.

Ein alt gewordener Apfel vom vorigen Jahr, der noch ein wenig Farbe trägt, sehr blass. Der sich zäh klammert an den kalten Ast, der sich einschneien lässt und friert, schon ohne Geschmack und sehr hart: So wehrst du dich gegen die Lese, gegen den Fall. Manche überwintern, aber taugen dann nicht mehr.

Hilf mir die Sätze bauen aus Bruchholz. Wir können es im Winter sammeln und nach dem Orkan. Da ist es geeignet, da liegt es nicht lang – da kann es noch sprechen, schweigt es nicht. Erzählt vom Baumbestand der Dinge, vom Brausen in der Nacht und von der Stille, die sich in die Winden birgt. Du kannst sie noch hören, wenn du den Schallringen, den jährigen, lauschst.

Auf den Hängen kein Schnee. Er hat es heuer nicht gewagt, sich zu werfen. Denn sie weinen der Sonne zu. Sommerhalden. Im Gedächtnis noch die Schmelze vom vergangenen Jahr, das sich ihnen auf die Stirnen schrieb. Mit Rissen und Rinnen. Die warten jetzt und hoffen auf Eis.

Von den Alten, die lächeln, wenn es regnet und die Blätter stürzen rascher als der Herbst es ihnen zugedacht: Sie sind ruhig geworden über Dämmerung und Schatten, gegen kühle Pflastersteine, Straßenzüge wenden sie nichts ein. Den Neumond grüßen sie wie einen zugereisten Freund, und wenn in den Alleen die Käuze rufen, stimmen sie ein. Manchmal legen sie die Ohren an die Wetterseite hohl gewordner Linden und lauschen auf das Dehnen dunklen Holzes, das nun fehlt, weil kein Wachsen ist in Rinde, Wurzel, Ast. Sie fühlen sich verwandt.

Dies Kind. Dies blonde Kind. Und hat seine Haare hergegeben. Hätte sie gerne getauscht, doch ohne Lächeln. Gegen den Schmerz getauscht, aber der ging nicht fort. Bekam Mitleid dafür und Blicke von ferne, Trauerworte auch. Die sind kein Mittel gegen das Weh. Da will das Kind seine Haare wieder. Niemand weiß, wo sie geblieben sind.

Ganz unberechenbar und tückisch sind die Schmerzverwehungen. Dort oben, wo der Wind so kalt über die Felder pfeift, auf der Verletzbaar oder nahe beim Schadwald. Da ist kein Durchkommen. Du bist unterwegs am helllichten Ach und findest doch keinen Weg. Am besten ist, auszuhalten und zu warten, bis die Schmerzstürme abflauen oder du einen Wehweiser findest, der dich führen kann.

Vom Licht auf der Rückseite des Mondes sehen wir nichts und nichts von den Schatten der Sonne. Vom Schweigen in den Schreien der Kinder hören wir nichts und nichts vom Lärmen der Stimmen. Vom Brennen in den Weiten des Eises spüren wir nichts und nichts von der Kälte im Vulkan. Weil wir die Lider nicht senken, die Ohren nicht verschließen. Weil wir nicht tasten, weil wir die Finger lassen davon.

Lass uns auf Recht gehen. Aber wir dürfen es nicht mit füßen Treten. Wir müssen Federn, leicht Federn darauf wie auf einer sprung Matte. Dann kommen wir Zustand und Stürzen nicht. Den Kopf müssen wir Halten im gleich Gewicht, damit wir uns nicht Neigen nach rechts oder links. Wir könnten über Gewicht bekommen und den an Halt verlieren. Das sollte übel Enden. Es gilt, Acht sam zu sein, also: auf die haltung Achten, mit er hobener stirn Schreiten. Besser, wir Schauen den heraus Forderungen in die augen als zag Haft den blick zu Senken und vorn über zu Fallen.

Nun sei doch mal ganz. Ehrlich. Mit dir selbst. Verbirg dich nicht. Vor dir. Brauchst dich doch nicht. Verstellen. Nimm die Maske. Ab jetzt. Sollst du dich deiner Narben nicht mehr schämen. Deiner Schwächen nicht. Mehr als du bist wirst du. Nicht sein. Nimm dich. An. Ganz. Ehrlich.

Am Rande der Krisen, dort, wo du dich nur am Gestammle der Krüppelkiefern festhalten kannst, an einem Astwort hier und da – aber nicht zu lange, schnell schweigt es sich in morsche Brösel und verliert alle Kraft –, dort bau ich aus Stottern ein Haus. Das wird nur eine kurze Weile stehen, darum üb ich: im Echo verhallen.

Die Wetter ziehen immer vom Sommer her auf. Da sind die Wolken im Wartestand. Sie hoffen auf Schwächen im Blau. Wendet sich die Sonne ab für einen Moment, dann stürzen sie aus den Schatten. Die hat der Winter gestreut, die sind vergessen worden unter Steinen im Wald.

Ich schreibe hart am Abgrund. Die Hand zittert vom Blick in die Tiefe, die Schrift neigt sich gefährlich. Jeder Satz ist nahe am Sprung, ohne Boden und Seil. Doch weit.

Gott der Haarspalter, Gott der Herbstzeitlosen (Frühling-, Sommer-, Wintergott) ohne Reife und Frucht. Gott der Frischauf-, Frühauf-, und der Stehaufmänner. Gott der Pflaster, Verbände und Interessensgruppen. Gott Erbarm, Gott Kirschenessen, Gott zum Gruß und Gott zu Fuß. Der Gott Gleich und der Gott Nie, Gott Heute und Gott Übermorgen, Gottlos und Gottfest, Do-, Re-, Mi-, Fagott. Gott Marter, Hohn und steiniger meist.

Mit Stimmgewalt kommst du daher und schlägst: Scharten in meinem Ton. In den leisen Gesang, den ich mir vertraut gemacht habe über die Zeit. Du krallst dich fest darin, als wolltest du entreißen, was mir stimmt und klingt. Du brichst ihn auf bis zu den Untertönen, dass er brennt und bluten muss. Nun kann ich klaglos nicht mehr schwingen und stehn.

Die Nächte wachen. Sie lagern sich zu allen Seiten und wehren die Träume ab, denn die Träume ermüden. Sie geben zu tragen, sie fordern mich gegen den Augenschein. Davor schützen der Schatten, der Neumond, die Stunde ohne Licht, in die ich mich flüchte. Still ist es dort, ich halte die Lieder geschlossen. Und gegen das Alleinsein schweigen die Krähen.

Regen wieder: in den Armen und Beinen wie aus den Wolken gefallen und auf den Füßen zu stehen gekommen. Mit aufgespannten Fingern flüssige Bewegungen machen, damit der ganze irdene Leib, das Herz und die Lenden fruchtbar werden und Augenblicke, Gesichte sprießen nach der langen Trockenheit unter den Falten. Und dabei tiefer dringen als Hand und Tau, bis auf den Grund, aus dem nach einer Weile Quellen fließen.

Auf der Werkbank, die ich geschenkt bekam, kaum, dass ich handeln konnte, auf der Werkbank liegt mein ganzer Jammer. Gestalten will ich ihn, mit dem Schnitzmesser, mit der Feile, mit Hammerschlägen, Feuer und Schmirgelpapier. Er soll unverwechselbar werden, ein Kunstwerk vielleicht oder ansehnliches Handwerk wenigstens. Ich will entdecken, was in ihm steckt, will spüren, wie er ausgemasert ist, damit er mir nicht zerbricht unter der Hand, damit ich nicht verschneide und verwerfen muss. Wie jedes Stück bestimmt er selbst, wohin es geht und was sich bilden lässt. Er wird sich verweigern eine Zeit, dann leise sprechen, bis ich verstehe. Wenn er sich aufschließt, greife ich zu und forme. Was ich herausarbeite, will ich in die Sammlung tun. Sie wächst recht ordentlich seit einigen Jahren – später werden sie versuchen mich zu lesen daraus.

Das ist ein Zugereister. Vor lauter Strecke keine Sicht mehr. Er hat schon zu viel gesehen, um noch entdecken zu können. Zu seinen Zielen nimmt er seine Mauern mit, und seine Läden, seine Türen schließt er, bevor er fremden Boden betritt. Er riecht die unvertrauten Winde nicht und deren Gewürz und nicht den Duft der Früchte, deren rote Farben er nicht kennt. Vor der Weite verschließt er sich, seine Schritte sind zu klein, zu groß.

Aus den lauten Quellen, aus den raunen Bächen, aus den tönen Fließen, aus den stimmen Strömen, in das flüster Meer. In dem brisen Rauschen, in den winden Wogen, in dem stürmen Tosen, von dem wettern Brechen. Mit dem spinnen Wispern, mit dem füchsen Schleichen, mit dem wölfen Heulen, wie das löwen Brüllen. Zu der ersten Stunde, zu dem morgen Dämmern, zu der mittag Zeit, zu dem abend Rot, bei der mitter Nacht. Gegen tode Not, gegen zitter Furcht, gegen mangel Mut, für das lachen Leben.

Von der Gnade des Wankens sei gesagt: Den Schiffsgang gehst du trockenen Fußes, den Fisch-, den Wellengang. Und kannst dich treiben lassen hier und dort hin, wirst Länder entdecken dabei, ferne Inseln (schwimmende), denen du lallend Namen gibst, Ruf- und Stotternamen. Und kannst mit den Tümmlern ziehen oder mit dem Albatros, dem Tölpel. Das Festland bindet dich nicht, du folgst keinem Längen- und Breitengrad, ohne Anker, von Kaimauern stößt du dich ab. Der Fall noch, Kentern hat Schwung – und Schmerzen von offenen Wunden, von Hüftbruch und zerschlagenen Stirnen, von Kielhol und Leck werden fortgespült. Mit beiden Beinen stehst du fast auf der Erde.

Du bist zu versichtlich, du wirst übersehen. Du bist zu gehört, sie verschließen die Ohren. Du bist zu getan, nimm dich selbst in die Hand, gestalte dich. Du bist zu stand, musst Schritte wagen. Du bist zu haus, brich die Wände auf, zieh in das Zelt. Du bist zu flucht, bleib hier, du sollst ausharren. Zu rate bist du, zu spruch und zu träglich, musst deine Worte selber finden und deine Fragen. Zu schnitt bist du – lass dich heilen; zu gewinn bist du – mach dich arm. Zu ruf bist du, dir wird die Stimme versagen; und zu kunft – komm endlich an. Zu viel aber wirst du niemals sein, niemals zu gabe.

Mit meiner Rede bin ich erst am Ziel, wenn das Schweigen beginnt. Mit der Schrift erst am Ende, wenn sie verloschen ist. Durch einen Blick erst erkannt, wenn Blindheit über den Augen liegt. Im Gefühl bin ich geborgen und zu Haus, wenn die Hand ins Leere greift. In Wohlgeruch gehüllt, wenn der Atem fehlt. Auf der Zunge spür ich Honig, Würze, Salz, wenn sie sich nicht mehr regt. All die Worte les ich auf, wenn die Aussaat sie zerstreut.

So manches meiner gesetzten Worte, mit denen ich aufrecht ging, ist durchgelegen von der Zeit, die Wunden schmerzen. Ich müsste mich wenden lassen ab und zu. Auf ein paar Quadratzentimetern, die mir vom Tag noch bleiben, üb ich Verschweigen und die Haltung zu wechseln, sooft ich bei Stimme bin.

Es sind die Nächte, die schmerzen. Als schlüge jede Stunde auf mich ein, mit Ruten. Ganz gleich, ob der Himmel sternenklar ist oder verhangen, die Farbe, die ich auf mir lasten fühle, ist: Dunkelsteingrau. Daran schlag ich die Stirne wund. Ich muss mich wehren, will die harte Stille nicht ertragen, die mir auf der Lunge liegt und schwarze Striemen lässt, weil ich mich nicht ruhig halten kann, mich bewegen muss. Kein Wein, kein Mohn, kein Schlaf. Ich hoffe, dass es Morgen wird, dann weicht der Schmerz der Sehnsucht, dass es Abend werde und ich wieder bei mir bin.

Dieselbst Verständlichkeiten verschieben, sodass sich die Farbenbrechen und die Tönebersten und. Neu zusammengesetzt werden. Muss. Zwingdich zum Wort Bruch und zu Bildern. Diedu bis hernicht gekannt. Er schließe durch Raunen und Reißen was. In der Stille. Wohnt.

Tu einen tiefen Schnitt und brenne, brenne wie Schmelzgestein aus dem Schlund. Im Herzen, und dort, wo das Warten wohnt. Finden braucht Feuer und Blut. Die leuchten rot, beide. Mit der Sonne verwandt, wenn sie steigt oder sinkt. Tu einen tiefen Schnitt. Du teilst die Zeit, damit sich der Winter wende und das Gefrorene wieder fließe in den Adern.

Ich verzehre mich nach dir. Darum sorge ich: Es könnte nichts mehr übrig sein von mir, wenn dich hungert. Da ich nur mich selbst habe, um satt zu werden, und weil ich darbe. Du musst wissen: Ich habe an mir selbst nicht genug. Ich könnte verbraucht sein, bis du kommst, deinen Teil zu fordern. Triff früher ein, komm bald, und gib mir ein wenig von dir, damit ich mich aufspare. Und wenn es dich dann verlangt nach mir, wenn du Not leidest oder auch nur etwas Kitzel brauchst – nach deinem Geschmack – dann reiche ich mich dar: Brot, Speise, Wasser und Wein. Du dürftest mich ganz verschlingen.

An den musst du dich anschleichen gegen den Schall. Glaub nur: Er stellt die Ohren und lauscht; und ist empfindlich gegen jedes Geräusch. Er hört dich, wenn du nicht im Lautschatten stehst; er hört dich und flieht, als Flüstern, Verwehen oder im Lärm. Du musst dir die Stimme verbieten, Ton und Gesang. Schweig lange, bevor du dich auf die Lauer legst, damit kein Wortschatten dich verrät. Beim geringsten Seufzen noch hebt er das Haupt – und ist fort. Bau dir einen Unterstand aus Verschweigen, mit einer Leiter aus Stillesein, achte und warte. Als wärest du stumm. Beobachte ihn, wenn er heimlich über wortkarge Lichtungen streicht, eingehüllt ins Verlauten der Nacht. Nur sprachlos kannst du ihn fangen, nur mit verschlossenem Mund.

Mein aus Weg los, das mir zu Gefallen ist, mein Wunsch und Wille nicht wahr. Nun kann ich über Mauern springen, kann Gräben, Reißen, Breschen, Schlagen – und sie wehren sich nicht. Müssen sich auf Tun verstehen, damit ich mich Weiten kann. Der Himmelselber tut seine Pforten auf und lässt mich durch die Wolken lücken. Dort bin ich zu haus.

So schweige ich an gegen den Wind. Ich leiste wieder Stand, lass mich nicht treiben. Damit mir niemand die Worte von den Lippen reißt, verschließe ich den Mund. Ich verleg mich auf's Reglos. Allen Falls schlage ich die Augen nieder, die mich noch locken. Ich will kein Worte machen, mir nicht vom Mund ablesen, was ich im frühen Jahr gepflanzt. Hinterschloss riegel ich meine Frucht, dass sie mir munde, wenn sich der Sturm legt.

Auf den leeren Seiten dieser Tage suche ich meinen Namen umsonst. Niemand, der mich eingeschrieben hat, nicht einmal als Feinstrich oder Wasserzeichen. Ich werde keine Leser haben. Es sei denn, ich schreibe. Selbst.

Du kommst mir gelegen. Ich werde mich beugen müssen, um dich aufzurichten. Ob du schon eine lange Weile hier liegst, oder ob du gefallen bist in dieser Minute erst? Ich weiß es nicht, aber ich kenne dich so. Du nutzt jede Gelegenheit, streckst die Arme aus, wartest, dass ich dich aufrichte. Oder mich geselle. Ich fürchte nur, mir ist deine Lage zu hart.

Da bin ich mir halbwegs sicher. Die andere Hälfte der Strecke lauf ich Gefahr. Dort kenne ich mich aus, dort kann ich stolpern über Stock und Stern. Mit Wegkreuz und Karte komm ich nicht voran.

Zu Herzen nehmen soll ich's mir. Aber was hat schon Platz in zwei hohlen Kammern, auf Klappen, Segeln, in Vorhöfen? Und wenn's ihm zu viel wird, hat es Mühe, steht es still. Doch es will pochen, will schneller schlagen, rasen, vor Mutwillen, Lachen und Wut. Darum meißele, was du mir ins Herz rätst, lieber auf Stein oder schreib es auf Rollen, die geduldig sind. Ich werde mit dem Herzen lesen.

Mein Aufbegehr. Ich trachte nach oben, sehne mich himmelweit. Dass die Grenzen von Schädel und Haut für mich nicht gelten müssen. Dass ich unbeschränkt durch meine Räume schreite, Fenster, Tore, Schlüssel bloß Erinnerungen sind. Ich dürste nach einer Zeit, die sich zur Ewigkeit hin dehnt. Ich will in Wolken sein, die über Stunden, Tage ziehen, unberührt. Und kann und werde doch nur, wenn ich stehe, hafte, gegründet bin.

Manchmal fällt mir gar Lichts ein. Dann badet das Herz in Strahlen, dann wächst es rot und warm. Ich spür seine Wurzeln am Zwerchfell und seine Knospen suchen ihren Weg in die Augen. Ich schließe sie abends, zur Nacht, damit sie nicht erfrieren.

Es wird ein großer Schlichter sein, der schweigt nach all den Worten. Zu dem werden kommen Teufel und Tod; die weinen sich aus. Und sollen getröstet werden und ihr Mund wird voll Lachens sein und sie werden die Grimassen ablegen, unter denen sie litten seit je. Anlehnen werden sich Wunden und Weh und werden Atem holen und sein mit den Lebenden wie mit Geschwistern; und müssen nicht mehr dreinschlagen. Er macht sie schweigend schlicht und gleich, sodass sie einander danken. Und er wird abwischen alle Rede von ihrem Munde, von Wangen, Stirn und Brust, und es wird keine Frage mehr sein, noch Antwort, noch Spruch noch Widerspruch wird mehr sein. Und der da zurechtet, verstummt: Siehe, ich mache alles still!

Den Wortschatz Gottes denk ich mir größer als meinen. Und ich glaube, wenn er Geschichten erzählt, ist er in der Zeichensetzung etwas unsicher. Den Doppelpunkt, den kennt er wohl.

Außer mir. Ich bin völlig außer mir. Das ist nicht ohne Reiz. Wenn ich mich rege, aufrege, scheuche, aufscheuche – kann ich mir ins Angesicht sehen. Es mag glühen vor Zorn, zittern vor Schmerz, es mag entgleiten – ich erkenne Fasern und Falten. Die reißen mich zusammen, die holen mich ein. Ich spüre die Blitze hinter den Schläfen; das kommt aus den Wolken, die an die Schädeldecke stoßen, den Donner hab ich im Ohr. Die Kiefer mahlen, das Kinn zittert, die Augen sind auf dem Sprung. Ein Schrecken bin ich. Mir selbst. Aber: ein Anblick auch.

Du hast mir den Willen gebrochen mit Gewalt, wie eine Hand oder das Bein. Nun werde ich Bandagen brauchen, eine Schiene für jeden Wunsch, und der muss stille halten, bis sich die Sehnsucht wieder regt. Krücken mach ich mir, aus »würde« und »wenn«, damit die Pläne wenigstens hinken können, damit die Träume nicht schwach werden und steif. Ich hege Absicht, ich treffe Entschluss, ich beharre, verlange, entscheide zwischen dir und mir. So übe ich, bis ich die Glieder wieder regen kann und du dich meinem Willen beugen musst. Oder ich zerbreche an dir, ganz.

Ich muss noch etwas zuhause sein, bevor ich die Fremde finde, die sich breitet hinter meinen Lidern. Die entfliehen will, wenn ich die Augen öffne auf der Suche nach den Horizonten, an denen ich mich stoßen kann.

Manchmal verstehe ich doch nur im übertragenen Sinn. Dann muss ich noch ein wenig schwanger gehen. Warten über die Zeit, bis die Wehen einsetzen und er geboren sein will. Er hält sich nicht an errechnete Termine. Und einen Schnitt zu machen, hieße, Gefahr zu laufen, dass er noch nicht reif ist, das Licht der Welt zu erblicken. Geb ich ihm Zeit, wird er da sein zu seiner Stunde wie ein Schrei. Und ich begreife.

Ich muss nun etwas auf Abstand gehen, oder das Aussitzen lernen oder die Niederlage. Welche Haltung die beste ist, werde ich verstehen, wenn es ausgesessen ist und abgelegt. Wenn der Zustand zum Abgang wurde und der Besitz zum Abtritt, wenn die Auflage ins Fließen kommt. Dann bin ich verständig, versessen und nicht mehr verlegen, bin ich offenbar.

Dass ihr mir die Falten zutüncht, geht noch an. Aber dass ihr vergessen habt, mir ein Lächeln um den Mund zu schminken, das gehört sich nicht. Der Haaransatz ist perückend schön, die Lider augenblicklich erheiternd, selbst die Nase reizt sehr nüstern auf … nur der Mund, der Mund. Als wollte, wenn gesprochen wird, euch nicht gelingen, bezaubernd zu sein. Könnte ich mich bewegen, liefe ich fort mit meinen Krähenfüßen.

Mit all den Antworten, die ich nicht bekommen habe, seit ich frage, werde ich ein Kissen füllen für meinen unruhigen Schlaf. In so vielen Träumen bin ich aus meinem Traum nicht erwacht, suche ich noch immer Fenster und Tür. Müde bin ich vom Schauen, Lauschen und Tasten, darum lege ich mich in dieses Bett aus Stein, schmiege ich mich in die Fragen. Die decken, wenn auch nicht warm.

Hautlos wie ich bin. Und tanze im Fleisch. Zwischen mir und dem und dem und dem nur wundes Tasten, das den Rhythmus gibt, das mir die Strecker, Beuger und die Stirn bewegt. Blut unter den Achseln und vor der Brust. Ich springe mehr als bloß. Ich kleide mich in deinen sanften Blick.

Der ich mit zunehmendem Alter und mit Schrecken rechne. Befinden geteilt durch die abnehmende Länge der Strecken vor mir. Die Zahl der verbleibenden Jahre hinzutun – ganz genau abgezählt wie die Tage an der Hand und an zehn Fingern. Über den Daumen: Ich muss das mal so nehmen. Bleiben Unsummen.

Vor dem Einschreiben schlafe ich gerne noch ein paar Worte. Meist zeile ich über dem Nicken ein und erwache mich beim Aufinnern kaum noch, was ich schrieb. Ich müsste findig sein, um es zu mühen. Dazu duldet mir aber der Fehl. Es ist sehr ankratzend, all das Geschriebene zusammen zu strengen, ohne genau zu meinen, was ich gewusst habe. Trotzdem vertag ich es jeden Such neu – ich schreibe ja dem, was ich traue, etwas zu.

Ich staune. Du bist doch sehr Gewand, wie du so spielst mit deinen Falten, mit dem Saum. Sag, hast du dich einfach überworfen oder bist du in dieses Kostüm geschlüpft, das dir so gut zu Gerichte steht? Ich dachte, du könntest dir einen Mantel nicht leisten, müsstest borgen gehen beim Theaterverzeih, weil sie dort Kleider nähen für die Rollen ohne Gewissen und Gewicht. Du weißt doch hoffentlich, dass sie dich an den Nagel hängen, wenn du ablegst und dir eine Blöße gibst?

Bitte vernachlässige dich! Übergib dich denen, die dir folgen. Sei Erbe, mach dich zum Geschenk. Du kannst mich als Verwalter einsetzen. Ich weiß umzugehen mit den Worten und Gesten, die du hinterlässt. Ich werde gerecht sein und achten, dass jeder das Pflichtteil erhält, das er verdient. Sie unterschätzen dich nicht.

Nicht einfach zu ertragen ist das, aber schier tödlich, und es macht Atemnot, eine sehr enge Brust, auch Angst, mit der du erst zu leben lernen musst (und wer weiß wie lange, am Ende noch bis in alle Ewigkeit). Es ist eine schwere Last und ist dir vielleicht gar nicht willkommen. Es könnte ja leichter sein, von der Hand gehen oder wie nichts. Du wirst es spüren, glaub mir, du wirst es spüren, es wird dir Schmerzen bereiten, es wird dein Kreuz sein und dir auf's Gemüt schlagen, wo du sehr verletzlich bist, dass du mich auf dem Herzen hast statt am Hals.

Doch bin ich ganz versagt und fürchte eure Sätze. Worte machen mich zittern, in der Stille nach den Punkten verlier ich mich. Wenn ihr redet, tun sich Risse auf, wenn ihr schweigt, stürz ich hinein. Da ist kein Leis, drin ich mich bergen könnte, nur Laute, mit denen ich geschlagen bin.

Alter Aufschneider! Beißt mit der Schneide und schlägst tiefe Furchen in die Haut der Zeit. Die Stunden bluten aus und vom Verlust werden die Tage blass. Am Kopf des Jahres, auf dem Rücken der Uhr klaffen Wunden und niemand weiß, welche zuerst verbunden werden muss. Viel Zeitdruck ist nötig, um die Blutung zu stillen. Damit der Puls nicht verrinnt.

Wie die Zeit tropft – und Tropfen machen Töne: Rauschgeräusch. Sie fallen nicht hart, sie lallen, es sind zu viele davon. Sie üben ihr Sekundenspiel, schwankend her und hin, und tanzen versöhnlich, meist. In der Schale meiner offenen Hand bilden sie Lachen, darin ich mich sehen kann wie in alten Spiegeln, Stückwerk für einen Augenblick. Bin ich durstig, kann ich trinken von mir.

Mein Wortfeld, das ich nur mit bloßen Händen bearbeiten kann, breitet sich über den Sprachraum. Da brauche ich Zungenfertigkeit und die Kunst des Verschweigens für die Aussaat und das Erntefest. Damit die Brust Genüge hat und die Ohren schmausen können in der stummen Zeit.

Weil ich so schlecht einschlafe, weil ich so schlecht einwache. Weil ich so schnell eintrockne, weil ich so schnell einnässe. Weil ich sonst eingehe, weil ich sonst einstehe. Weil ich das nicht einsehe, weil ich das nicht einblinde. Weil ich mir was einbilde, weil ich mir was einreiße. Weil ich vieles einstreiche, weil ich vieles einschlage. Weil ich nur noch eingreife, weil ich nur noch einlasse. Weil ich besser einrede, weil ich besser einschweige. Weil ich wieder etwas einwerfe, weil ich wieder etwas einfange. Weil ich Tag für Tag eindicke, weil ich Tag für Tag eindünne. Weil ich hier was einreiche, weil ich hier was einarme. Weil ich jetzt was einkaufe, weil ich jetzt was einschenke. Weil ich mehr als genug einnehme, weil ich mehr als genug eingebe. Weil ich vorsichtig einkreise, weil ich vorsichtig einecke. Weil ich selten einbreche, weil ich selten einfüge. Weil ich ängstlich eintrübe, weil ich ängstlich einhelle. Weil ich rücksichtslos einteile, weil ich rücksichtslos einsammle. Weil ich mich einstimme, weil ich mich einfälsche. Weil ich bisweilen einfärbe, weil ich bisweilen einblasse. Weil ich dies und das einklage, weil ich dies und das einfreue. Weil ich im Übrigen eintrete, weil ich im Übrigen einrenne. Darum.

Nein, ichver trage mich nicht. Ich kann michver zetteln und Winde wehen Meinefetzen fort. Ich kann michzer streuen wie Aussaat und hoffe Auffrucht. Ich bin mirzu schwer, mir fehlt Diekraft, michzu ertragen. Muss fallen lassen, um michab zu legen und michzuver werfen, bis ich leicht sinnig geworden bin. Dann will ich micher heben, nach haltig.

Geschichten vom Herrn G.

Ganz am Anfang war das Wetter sehr schlecht, draußen tobte ein mächtiger Sturm. Dass es donnerte und hagelte, hörte Herr G. durchs geschlossene Fenster – und dunkel war es auch, wie manchmal in Novembernächten. Da jagt man doch keinen Gott vor die Tür, meinte Herr G. und zögerte. Schließlich trat er doch hinaus, und der Himmel und die Erde klarten auf.

Weil Herr G. schon von Ewigkeit her langweilig war, nahm er sich die Zeit. Und es war Abend und es war Morgen. Doch woher nehmen und nicht stehlen? Da erfand Herr G. den Müßiggang, und weil der Zeit ließ, lobte er ihn.

Eines Tages sprach Herr G.: Es ist nicht gut, dass Herr G. allein sei. Darum machte er eine Hilfe, die ihm entsprach. Herr G. schnitt sich die Hilfe aus den Rippen. Manchmal klagte er: Ich kann es noch spüren, wenn ich mich zu schnell bewege.

Herr G. hatte seine ganz eigenen Redensarten, die später aufgegriffen worden sind und – bisweilen etwas entstellt – bei vielen Gelegenheiten mit Ernst oder zum Scherz benutzt wurden. So sagte er zum Beispiel: Herr G. denkt, der Mensch aber lenkt. Oder: Mein Wort in des Menschen Ohr. Mit seinen Redewendungen brachte Herr G. fein zum Ausdruck, dass er sich den Menschen sehr verbunden fühlte, auch wenn das manchmal Mühe bereitete. So konnte er schon auch einmal seufzen: Von Meinem nimmt's der Mensch im Schlaf.

Mit der Erfindung des Tages und der Nacht war Herr G. durchaus zufrieden, aber ihm fehlten noch die Zwischenzeiten und Nuancen. So schuf er die Dämmerung und die Schatten, Höhlen und Fackelschein, Kerzen und Nebel, Glühwürmchen und Zwielicht, Abendrot und Morgengrauen, Neumond, Sonnenfinsternis und Wolken, die sich vor Gestirne schoben. Dies alles schenkte er den Tieren und den Menschen – die bedankten sich sehr für Abendkühle und Geleit, für Verstecke und Hoffnungsschimmer, für gedeckte Farben, für das Erblassen und die Geheimnisse.

Herr G., der Blumen sehr schön fand und den Duft von gefallenem Obst mochte, der gerne Zwiebeln aß und zum Vergnügen Kräutertee trank, beschloss: Ich will ein Gärtner sein. Aber da es zu dieser Zeit noch keinen Garten gab, legte er einen an, zwischen den Flüssen, unter der Sonne. Der Ort war allerdings nicht ganz glücklich gewählt. Den Menschen, die das Unkraut jäten und die Zwiebeln gießen sollten, stieg die Hitze zu Kopf, sodass sie Kühlung suchten in der Abendstunde, unten an einem der Flüsse. Wenn er nach ihnen schauen wollte, um einen Apfel zu teilen etwa, fand Herr G. sie nicht. Bloß die Engel gediehen gut in der Oase (Engel leben von den Gerüchen!), aber sie blieben lieber vor dem Gartentor. Aus Neugierde vielleicht, was sich jenseits des Zaunes befinden möge, oder weil sie an Früchten keinen Geschmack fanden. So blieb Herr G. in seinem Garten allein.

Was Herr G. wirklich gar nicht leiden konnte, das waren: Klingelstreiche, Glockengeläut, das ihn aus dem Schlaf riss und die unablässige Rederei mancher Menschen, die ihn einfach nicht zu Wort kommen lassen wollten. Und das laute Gegröle von Betrunkenen in der Nacht, die nicht begriffen hatten, dass der Wein das Singen lehrte und nicht das Schreien. Am meisten aber regte Herr G. sich über Falschparker auf, die ihm das Gartentor verstellten. Darum befahl er einen Engel mit flammendem Schwert vor die Pforte, der die Verkehrssünder abschrecken sollte. Manchen Menschen störte nicht einmal der.

Nachdem Herr G. das Lachen erfunden hatte, wollte er einmal seiner selbst spotten. Wer findet mich lächerlich? rief er in die Runde. Aber von allen Wesen fand sich nur der Mensch, der sich über ihn lustig machte. Da sprach Herr G.: Du bist kein Tier.

Herr G. hatte einen Freund, Herrn A., der war ein Wanderer. Immer, wenn Herr G. ihn treffen wollte, musste er viele Wege gehen. Als Herr G. sich beschwerte, dass er eine Freundschaft im Schweiße seines Angesichts recht ermüdend fände, antwortete der Wanderer: Von wem bekam ich wohl meine Füße?

Eines Tages führte Herr G., der ein offenes Wort sehr schätzte, Selbstgespräche. Er erörterte mancherlei, er gab Rede und Gegenrede, zuweilen schwieg er auch und lauschte. Herr G. war sehr zufrieden, denn er konnte sich auf sich verlassen.

Als es einmal sehr regnete, lud Herr G. alle Geschöpfe zu sich, weil sie ihn dauerten. Sie könnten nass werden und sich erkälten, fürchtete er. Als aber tatsächlich alle Wesen seiner Einladung folgten – die hatte sich in Wetterwindeseile herumgesprochen –, hatte Herr G. Bedenken um seiner Möbel willen, und er sorgte sich doch, dass er bei dem Geblöke, Gebrülle und Gemaunze keinen Schlaf mehr finden könnte. Und in Herrn G.s Alter braucht man den Schlaf doch sehr! So ließ er von den Tieren nur je ein Paar ein. Allein von den Menschen nahm er einige mehr auf. Die sollten die anderen hüten und nach dem Rechten sehen, damit nichts zerbreche.

Vor allem Anfang wollte Herr G., der die einfachen Lösungen in der Regel vorzog, zuerst nur einen großen Klumpen schaffen, auf dem alles versammelt sein sollte: Wasser und Feuer, Erde und Luft, Einzeller und Amöben, Frauen und Flöhe, Männer und Maden, Kraut und Rüben, Kind und Kegel. Da er sich aber etwas ungeschickt anstellte – man muss bedenken, dass Herr G. zum allerersten Mal etwas schuf und deshalb noch ungeübt war – barst und zerstob der große unförmige Ball unter seinen Fingern zu Staub, der in der weiten, leeren Unendlichkeit verwehte. Für eine kurze Ewigkeit ärgerte sich Herr G. über sich selbst und über das störrische Material; er bereute schon, überhaupt ans Erschaffen gedacht zu haben. Als aber all die Staubkörner fein zu glühen begannen, kleine und große Gruppen bildeten und im Lichte tanzten, nach etlichen ewigen Momenten auch Leben hervorbrachten, da beruhigte Herr G. sich doch. Er ließ den Dingen ihren Lauf und griff ganz selten ein – wenn er das Gefühl hatte, etwas müsse verbessert oder könnte noch schöner werden.

Als Herr G. sich das Schreiben beigebracht hatte, wollte er ein Schriftsteller sein und verfasste ein großes Buch mit vielen, vielen Seiten. Und weil Herr G. dazu noch Leserinnen und Leser wollte, verteilte er das Buch in aller Welt. Doch die Tiere interessierte es nicht. Die meisten von ihnen, wie der Quastenflosser, die Eule oder der Marabu, kannten die alten Geschichten schon lange. Die Kuh und der Biber fraßen es einfach auf – bis auf die Buchdeckel, aus denen dann die Schimpansen der Schildkröte einen Panzer zimmerten. Die Menschen beschwerten sich, weil Herrn G.s Handschrift sehr unleserlich war. Da schlug Herr G. vor, jeder Mensch solle doch wenigstens das aus seinem umfangreichen Buch abschreiben, was er oder sie entziffern könnte – und damit Genüge haben. Das taten die Menschen auch, und ab und zu trafen sie sich in Salons und lasen einander vor.

Als Herr G. keine Freude mehr daran hatte zu schreien (die Erschaffung von Sonne, Mond und Sternen forderte doch eine deutlich erhobene Stimme, um des Gewichtes der Himmelskörper willen), rief er. Als Herrn G. die Lust am Rufen vergangen war (der Mensch hörte doch nicht auf ihn), sprach er. Als es Herrn G. die Sprache verschlug (von jenseits des Gartens her lärmte es sehr), schwieg er. Als Herr G. des Schweigens überdrüssig geworden war (zumal er der Einzige im Rund war, der schwieg) lauschte er. Jetzt erst fand Herr G. sich beredt – und Engel und Menschen merkten auf.

Da er dem Wein zugetan war, aber noch nicht wusste, wie der Wein aus der Traube zu keltern sei, befahl Herr G.: Es soll mehr Hochzeiten geben. So geschah es und die Speisemeister verwunderten sich. Damals liebten sich viele und Herr G. war ganz berauscht.

Einmal mochte Herr G. sich selber sehen können, um zu erfahren, ob er im Laufe der Zeiten gealtert sei. Aber die Urflut bot keine ruhige Oberfläche, auf der er einen Blick erhaschen könnte – es wogte und tobte. Und die Engel schlossen ehrfurchtsvoll die Augen, sodass Herr G. sein Spiegelbild darin nicht finden konnte. Da machte Herr G. den Menschen zu seinem Bilde – und war sehr überrascht, dass er so viele Variationen hatte. Immerhin, beruhigte sich Herr G., werde ich mir wohl niemals langweilig.

Es ist kein leichter Weg vom Himmel auf die Erde. Sehr steil fällt er ab, und Herr G. war nicht völlig schwindelfrei; wenn er sich nach unten wandte, fing die Welt an, sich schnell zu drehen, und das machte Herrn G. ganz unsicher. Erst, als die Menschen nach oben schauten und ihre Blicke sich mit den seinen trafen, wagte er es, langsam herabzusteigen. Sprosse um Sprosse herunter an der Leiter, die aus Blicken gebaut war, aus erhobenen Häuptern und aus dem Wunsch, bei den Menschen zu sein und den Himmel einmal aus einem anderen Blickwinkel zu sehen.

Ab und zu murrten die Menschen wider Herrn G. und stellten sich ungebärdig und frech: Warum er die Stechmücken erfunden habe, ob Feuer nicht etwas kühler sein könnte und große Beben nicht besser auf dem Monde stattfänden, wollten sie wissen. Und manche beschwerten sich respektlos bei Herrn G., warum er sie mit Ehrgeiz, Neid und der Fähigkeit zur Missgunst ausgestattet habe, die doch so viel Unfrieden stifteten. Herr G., der solcher Fragen rasch überdrüssig wurde, beschwichtigte gerne: Wartet doch ab, am Ende wird alles gut. Was ein wenig geschwindelt war, denn schon der Anfang war gut gewesen, doch verstanden die Menschen das nicht. Die protestierten dann auch und wandten ein, dass doch nichts besser oder gar gut würde. Darauf antworte Herr G.: Ist es noch nicht gut, dann ist es auch noch nicht zu Ende.

Herr G. war ein großer Leser vor dem Herrn. Mit Leidenschaft sammelte er alles, was lesbar war: Bücher selbstverständlich (alte Bibeln auch) und Gesichter, Flusskiesel, Wolkenformationen, die Losung der Rehe und die Spuren des Fuchses, Wellenbewegungen und Herbstblätter, Linien auf Händen und Planetenbahnen. Seine Bibliothek wurde immer umfangreicher und drohte bald aus allen Nähten zu platzen. Dennoch war Herr G. nicht zufrieden, denn alles, was er las, handelte doch irgendwie immer von ihm selber. Weil er doch etwas lesen wollte, das er nicht schon wusste, brachte Herr G. den Menschen das Schreiben bei. Einige vermochten aber nur Hymnen zu dichten, was Herrn G. langweilte. Andere hatten keine Hemmungen und auferlegten sich keine Grenzen. Das fand Herr G. ausgesprochen spannend. Manchmal las er – unter der Decke, damit die Engel nichts merkten – ganze Nächte hindurch und war dann etwas müde am nächsten Tag.

Als Herr G. das Brot erfand und es sehr köstlich duftete und ihm auch wirklich ganz hervorragend schmeckte, da sagte er: Da ich nun Teig knete, könnte ich es doch auch mit Lehm versuchen. Vielleicht kommt wieder etwas Erfreuliches dabei heraus. Also nahm er Lehm vom Acker und formte den Menschen. Nach einigen Erfahrungen mit ihm stellte Herr G. fest: keine schlechte Erfindung! Aber er riecht streng und frisst mir noch die Haare vom Kopf.

Wenn er an das Ende der Zeiten dachte, brach für Herrn G. eine Welt zusammen. Er hatte sich doch so schön eingelebt hier. Darum entschied er, so lange zu bleiben, wie ihn noch jemand haben wollte. Aber in schlaflosen Nächten dachte er mit Schrecken daran, er könnte einmal vergessen werden.

Ab und zu betrachtete Herr G. seine Hände und befand, dass sie schon recht alt und abgearbeitet aussahen, mit Altersflecken und kleinen Narben, die die Zeit eben mit sich bringt. Mit unverhohlenem Neid schaute er auf die Hände seiner Engel – aber die mussten ja auch nichts tragen, die verrichteten ihr Werk eher mündlich und mit einem Gebraus, das nach Flügeln klang. Herr G. beruhigte sich darüber erst wieder, als er bemerkte, wie müde die Menschenhände waren. Besonders, wenn sie gefaltet wurden.

Eigentlich war Herr G. jeder Eitelkeit abhold, und darum wehrte er sich immer wieder: Nennt mich doch nicht Herr G. – G. genügt doch! Aber er konnte auch einsehen, dass manche einen Herrn brauchten, um sich selbst nicht klein zu fühlen. Darum ließ er es mit der Zeit zu und lächelte nachsichtig, wenn er Herr G. gerufen wurde.

Gerne zog Herr G. sich in seine Stille zurück, weil er empfindliche Ohren hatte und weil das Gelächter der Engel und der Lärm der Welt ihm ab und zu wehe taten. Aber er fühlte sich auch einsam dort. Darum schätzte er es sehr, wenn jemand mit warmen Worten in seine Stille eindrang. Er ließ es gerne zu. Denn Herrn G.s Schweigen war sehr kalt und ihn fröstelte darin.

Herr G. hatte die schöne Gewohnheit, seine Freunde zu besuchen. Außerdem liebte er ab und an einen Bissen frischgebackenes Brot und einen kleinen Schluck von dem Wein, den es bei Herrn G. zuhause nicht gab. Aber weil er die Freunde nicht überfordern wollte, kam er gerne zu dritt. Das war auch sehr angenehm, weil Herr G. dann doppelt so lange schweigen wie reden konnte.

Manchmal lachte sich Herr G. in die Faust. Und wenn er sie dann öffnete, lag darin ein kleiner, runder Kiesel, ein mittelgroßer Stein oder ein schroffer, mächtiger Klotz. Die schenkte er weiter und sagte: Baut Häuser daraus oder Straßen, aber schlagt euch nicht die Schädel ein! Manche verstanden ihn nicht, darum hatte Herr G. auch oft nichts zu lachen.

Wenn Herr G. sehr traurig war, wollte er gerne klagen können wie alle anderen, von denen er immer wieder hörte. Die ließen ihren Tränen freien Lauf, die streuten sich Asche aufs Haupt und sangen mit tiefen oder krächzenden Stimmen ihre Klagelieder. Er mochte nicht weinen, weil er fürchtete, eine große Flut zu entfesseln; Asche gab es bei ihm zuhause keine (Flammen loderten ganz woanders, wo er kaum Einfluss hatte) und für Gesänge waren die Engel zuständig. Wie sollte er sich trösten? Herr G. beschloss, einer von allen anderen zu werden, versuchsweise.

Ein geradezu panischer Schrecken durchfuhr Herrn G., als er in der Hitze des Tages bemerkte, dass er keinen Schatten hatte. Herr G. verstand es wohl, denn wie sollte der, der sich gern in Licht kleidete, einen Schatten haben. Aber Herr G. spürte, dass ihm etwas fehlte und dass es nicht zum Vorteil wäre, ohne Schatten durch eine Welt voller Nuancen in Grau zu gehen. Wie aber, dachte Herr G., soll mein Schatten denn gestaltet sein? Den Engeln konnte er ihn nicht abschauen, die strahlten selbst zu sehr, und die Lichtlosigkeit zwischen den Sternen schien ihm trostlos und beängstigend. So wollte er nicht auftreten. Schließlich sah er sich bei den Menschen um, und so schuf sich Herr G. einen Schatten zu des Menschen Bilde, zum Bilde des Menschen schuf er ihn; und er schuf ihn grau und schwarz.

Herr G., der eigentlich kein sehr guter Schwimmer war, befestigte das Land, um tragfähigen Boden unter den Füßen zu haben. Er baute Dämme, grub Kanäle und wies die Flüsse in ihr Bett. Mit der Zeit ging er sehr sicher auf dem Grund. Und als Herr G. dann – eher zufällig, aus einer Laune heraus – den Fuß auf das Wasser setzte, siehe da: Es trug auch!

Ganz besonders liebte Herr G. die Musik. Darum versammelte er in gewisser Regelmäßigkeit das Orchester seiner Welt und probte seine Symphonien. Dann sangen die Buckelwale, die Fliegen surrten, Tiger grollten mit ihrem ganz unvergleichlichen Bass, die Büffel stampften im Takt und zwischenein sang der Pirol ein Piccolo. Sehr, sehr ärgerlich konnte Herr G. werden, wenn die Töne nicht zusammenklangen. Das war, wenn der Menschenpuls fehlte.

Gerne mochte Herr G. es gesellig. So suchte er, so oft es ging, das Gespräch und die Gemeinschaft. Sie selbst zu entfalten (dreifach!) genügte ihm bald nicht mehr, weil Herr G. sich selbst doch recht rasch kennenlernte. Um nicht ohne Ansprache zu bleiben, um mehr und mehr zu lernen über sich und die Welt, um – wenn immer es ihm danach war – Stimmen um sich zu haben, scharte Herr G. die Menge der Lebewesen um sich herum. So hatte er allezeit Gemeinschaft mit flüsternden Weiden, surrenden Wespen, brummenden Maikäfern, schnurrenden Katzen, hechelnden Hunden, heulenden Wölfen, prasselndem Regen, rieselndem Schnee, lärmenden Schimpansen, tosenden Wasserfällen, rauschenden Wellen, polternden Steinen, plappernden Menschen, singenden Engeln, blubbernden Fischen, piepsenden Mäusen, lockenden Hähern, berstenden Ästen, verwehendem Staub – und was immer sich hören lässt. Herr G. wurde niemals satt vom Lauschen und lernte viele, viele Sprachen.

Eines Abends bemerkte Herr G. einen Mann im besten Alter, der auf seinem Balkon stand und eine tatsächlich hübsche Frau beim Baden beobachtete. Indem Herr G. bisweilen in die Herzen sehen kann, wusste er sofort, dass der Mann sich verliebte hatte und ihrer begehrte. Da stellte er den Mann in den besten Jahren zur Rede, dass der doch eine Frau habe und die Begehrte ebenfalls verheiratet sei. Der Mann rechtfertigte sich und fragte, ob denn der Herr G. ein Eifersüchtiger sei. Herr G. sagte: Ja, und schämte sich. Wenn Herr G. schamrot wird, dann ist das, als wenn die Sonne sinkt.

Herr G. war nicht ganz schwindelfrei, aber wenn ihn die Engel flankierten, und wenn einer oben und einer unten sicherte, dann konnte er sich auch einmal auf die große Leiter wagen und – im Spiel, nur im Spiel! – auf- und absteigen. Das machte Herrn G. natürlich müde und so legte er sich ab und zu auf den bloßen Grund. Da lag er wohl hart, das Haupt auf einen Stein gebettet. Aber so tief, wie er dann jedes Mal schlief, merkte Herr G. nichts davon. Manchmal träumte er von Segen und Flucht. Am anderen Tag tat ihm der Rücken weh.

Aufs Äußerste bewunderte Herr G. die Kunstfertigkeit der Menschen. Fast schämte er sich ein wenig, weil er selbst ja nur grob und im Großen und Ganzen erschaffen hatte, Arten und Gattungen (ums Detail wollte Herr G. sich kümmern, wenn viel Zeit dazu war, aber man weiß ja, wie schnell andere Dinge Aufmerksamkeit heischen und einen beschäftigen können) – und seine Schöpfung kam ihm doch recht roh vor, angesichts des Kleinen, Feinen und Besonderen, das die Menschen schufen. Er beruhigte sich ein wenig darüber, dass er ihnen diese Fähigkeiten ja selbst in Herzen, Hirne und Hände gelegt hatte. Doch suchte Herr G. – nicht ohne Demut – des Öfteren den Umgang mit Künstlerinnen und Künstlern jeglichen Handwerks, um sich an ihnen zu erfreuen, den einen oder anderen Kniff abzuschauen und sich bereichern zu lassen.

Irritiert war Herr G., als er merkte, dass er nicht alterte. Wie sollte er weise, milde und genügsam werden, wenn er an Jahren nicht zunahm und ihm das nötige Alter fehlte? Freilich blieb Herr G. guten Mutes: Die Engel nannten ihn den Ewigen und meinten es gut. Und für die Menschen war Herr G. längst schon alt und graubärtig. Deren Urteil vertraute Herr G. doch sehr.

Herr G. liebte es zu spielen – aber manchmal fand er keinen Partner dazu. Das Krokodil und der Leviathan wurden rasch müde, die Engel mochten Rätselspiele, die für Herrn G., der doch alles geschaffen hatte und alles wusste, eher langweilig waren (und unwissend stellen wollte er sich nicht); und das Mensch-ärgere-dich-nicht-Spiel konnte Herr G. den Menschen nicht allzu oft zumuten. Darum beschloss Herr G., sich ab und an zurückzuziehen und sich für eine Zeit selbst genug zu sein. Er wusste ja, dass er immer wieder für Überraschungen gut war.

Als die Menschen die Schrift erfanden, war Herr G. sehr beeindruckt. Er hatte an so etwas selbst nicht gedacht, da er doch die Begegnung von Angesicht zu Angesicht schätzte und höchstens einmal einen Engel aussandte, um seine Meinung kundzutun, Rat zu geben oder zu mahnen. Als Herr G. aber merkte, wie nützlich die Schrift war und dass Menschen sich über weite Strecken und die Zeiten hin austauschen konnten, mochte er sich auch gerne schriftlich äußern. Er beobachtete die Dichter ein wenig, lernte Schönschrift und den geschickten Ausdruck und wie einer den Worten seine eigene Stimme gab. Er lernte die Kunst des Erzählens und des klugen, beredten Verschweigens. Herr G. schrieb dann selbst einige, durchaus beachtliche Bücher, die er den Menschen anvertraute. Die beschäftigen sich, heißt es, heute noch damit. Übrigens brauchte Herr G. sich – als einer von wenigen Schriftstellern – keine Sorgen um einen Verlag machen, der seine Werke veröffentlichen würde. Das Publikum zeigte sich doch sehr interessiert.

Dass ihm nachgesagt wurde, er wisse alles, machte Herrn G. viele Gedanken, sodass er nachts nicht schlafen konnte, wenn er merkte, worin er doch nicht vollkommen war. Besonders belastend war es für Herrn G., als er feststellte, dass er nicht wusste, was es bedeutet, versehrt zu sein. Also lernte er Abschied, Trauer und Tod. Gute Ratgeber fand er in den Menschen, denen Herr G. dafür auch sehr dankbar war.

Sehr erfreut war Herr G., wenn zwei Liebende sich erkannten (wie es in alten Sprachen nicht unzutreffend hieß). In ihnen fand er sich selbst. Zuweilen konnte Herr G. kaum an sich halten und war versucht, zwei zu verkuppeln. Aber am Ende überließ Herr G. ihnen doch das Spiel und war beglückt.

Etwa zu jener Zeit, da die Menschen auch schon etwas in die Tage gekommen waren und auf so etwas wie Geschichte zurückblicken konnten, hörte Herr G. einen ihrer Großen (denn die hatten sie sich erfunden) sagen, die Menschheit solle sich vor der Sünde in Acht nehmen. Das schien Herrn G. eine ernste Sache zu sein, darum besuchte er den großen, strengen Mann und fragte angelegentlich, was genau denn Sünde sei. Etwas geschmeichelt, Herrn G. selbst belehren zu dürfen, erklärte der Große es bereitwillig und sehr ausführlich. Er schmückte die Sünde hier und da auch drastisch aus, damit Herr G. beeindruckt sein sollte. Was der auch war und er bemerkte mit Bewunderung, dass der Mann sich gut auskennen müsse. Als Herr G. schließlich glaubte, alles verstanden zu haben, machte er sich wieder auf und übte Sünde: Zuerst machte er der Erde schöne Augen (obgleich die Menschen ihm den Himmel als Wohnort zugedacht hatten); dann stibitzte er jenem Großen einen Zacken aus der Krone (was der recht spät bemerkte, er war dann sehr verwirrt). Er weidete sich am Duft der Pinien und dem Koriander, den er tief einsog – und über dem Wohlgeruch musste er seufzen. Den Engeln flunkerte Herr G. vor, er habe die Vögel nach ihrem Bild geschaffen. Sie glaubten es tatsächlich, und Herr G. musste lachen, dass der Himmel bebte. An einem

Löwen, der breitbeinig und eitel über die Savanne stolzierte, ließ Herr G. seinen Zorn aus, und an jedem siebten Tag legte er die Hände in den Schoß, genoss die Aussicht über den Garten und nannte seine Faulheit heilig. Über den Hochmut seiner Erzengel machte er sich lustig, und als die ihn baten, noch ein wenig mehr im Lichte stehen zu dürfen, behielt er die besonders schönen Strahlen eifersüchtig für sich. Ganz offen gab er sich seinem Kummer hin, dass der Teufel es allezeit schon warm hatte, er unter den kalten Jahreszeiten aber doch manchmal litt. Insgesamt, befand Herr G., machte diese Sünde ihm durchaus Spaß. Am Ende kostete Herr G. sogar vom Tod. Das war an einem Holz und es war für Herrn G. sehr schmerzhaft. Das ist der Grund, warum Herr G. diese Sünde doch nicht gelten lassen wollte (so sympathisch ihm die anderen waren) und es immer schnell Ostermorgen wurde.

Wenn es Herrn G. zu heiß wurde, reiste er gerne auch ans Meer. Er mochte die Dünung und ergötze sich am milden Rauschen, wenn der Tag sank und die Wellen sich, müde vom Werk, mäßigten, als wollten sie die Ruhe der Abendstunden nicht stören. Einmal wollte Herr G. – nur zum Vergnügen – die Korallen im Sonnenlicht leuchten sehen und erkunden, ob der Grund des Meeres fest sei oder eher schwankend wie ein Sumpf. Da zogen sich die Fluten ehrerbietig zurück. Herr G. genoss seinen Gang. Aber eh er sich's versah, drängte eine große Menge Schaulustiger nach. Und Krieger, die des Weges zogen, wollten ein Wettrennen zu Wagen und zu Ross auf dem bloßen Meeresgrund üben. Das missfiel Herrn G. sehr.

Weil Herr G. nicht immer selber das Wort führen wollte – es tat ihm einfach gut, hin und wieder zu schweigen –, suchte er Redner, die ihn vertreten konnten. Auf umherziehende Hirten baute er zuerst, aber deren Zunge war hart; die der Propheten stockte ab und zu, und manche waren zu gefällig und weich. Andere zeigten sich sofort bereit, sein Wort im Munde zu führen, und nannten sich seine Zeugen, und die waren Herrn G. viel zu laut dabei. Den Predigern hörte niemand zu und Herr G. verstand sie oft selbst nicht sehr gut, so undeutlich sprachen sie und in seltsamen Sätzen. Weil Herr G. sehr geduldig war, gab er schließlich den Dichtern noch eine Chance.

An den Früchten des Baumes in der Mitte des Gartens verdarb Herr G. sich leider regelmäßig den Magen. Fleischgenuss versagte er sich aus Gründen der Anhänglichkeit seinen Geschöpfen gegenüber. Wirsing, Brechbohnen und Radieschen vertrug Herr G. aber ebenfalls nicht, die Suche nach Wurzeln und Beeren schien ihm allzu mühsam zu sein. Das konnte er den ersten Menschen abschauen, die doch mager und kraftlos wirkten, zumindest in den Wintermonaten. So entschied Herr G., dass er sich von Klängen ernähren wolle: von Raunen und Gesang, von Rufen, Fragen, Bellen, Rauschen, Flüstern und von Melodien. Ab und an, wenn die ganze Schöpfung ihn lobte, nahm Herr G. aber an Gewicht dergestalt zu, dass er sich für eine Weile abwenden musste und die Hände vor die Ohren hielt.

Durchaus genoss es Herr G., dass ihm niemand das Wort verbieten konnte. Zuallererst war keiner da, dann wagte es niemand. So redete und redete und redete Herr G. den lieben langen Tag. Herr G. verfügte immerhin über Gedanken, Themen und Beiträge von Ewigkeit zu Ewigkeit. Und Herrn G.s Wortschatz und sein sprachlicher Ideenreichtum, seine Kunst zu formulieren und gefällig zu disputieren, in Rede und Widerrede, Satz und Argument waren unerschöpflich. Irgendwann aber bemerkte Herr G., dass ihm keiner mehr zuhörte, keine Tier-, Engels- oder Menschenseele. Darauf machte Herr G. sich und sein Wort rar; er gab auch nicht mehr zu allem und jedem einen Kommentar ab.

Einmal hatte Herr G. einen sehr heftigen Streit mit einem seiner Beleuchter. Er fand, dass der ihn nicht ins rechte Licht setze. Der Beleuchter war sehr vorlaut und meinte, Herr G. solle doch aus sich selber strahlen, wenn er mit seiner, des Beleuchters Arbeit, nicht zufrieden sei. Da feuerte Herr G. den Beleuchter. Schnell aber vermisste er ihn. Darum legten sich immer wieder einmal Schatten auf Herrn G.s Gemüt.

Das Ballspiel machte Herrn G. recht viel Spaß, aber die Engel verstanden mit Sonne, Mond und Sternen nicht umzugehen. Sie warfen ungelenk, sodass Wandelsterne aus der Bahn gerieten und als kalte Brocken davonflogen oder zu Nebel zerstoben. Was ein prächtiges, buntes Bild war – aber fürs Spiel waren sie damit verloren. Darum suchte Herr G. neue Spielgesellen und hoffte, die Menschen würden Wurf und Regeln, Ziel und Weise lernen. Herr G. wusste, das er geduldig sein müsste.

Wenn Herr G. schwimmen ging, was er an heißen Tagen zu tun pflegte, tobte er für sein Leben gern mit den Delphinen umher und lachte mit ihnen. Mit den Blauwalen führte er tiefsinnige Gespräche. Aber auch die Makrelen, Clownfische und Sprotten ließ er nicht unbeachtet. Vielmehr hörte er auf ihre Erzählungen in der Flossen- und Blubbersprache, die sie fließend beherrschten. Nur mit dem Leviathan war Herr G. etwas vorsichtig, der war nicht immer zum Spielen aufgelegt.

Weil Herr G. es gewohnt war, in sehr großen Einheiten zu rechnen: Heerscharen, Ewigkeiten, Lichtjahre, war er in der Mathematik nicht sonderlich gut gebildet. Für die Zahlen hinter dem Komma, die niedrigen Beträge und das kleine Einmaleins fehlte ihm die Geduld. Aber Herr G. wollte das gerne ändern, weil er das Geringe nicht missachten mochte. So entschied er, zu lernen und begann, Haare auf Häuptern zu zählen.

In Büchern las Herr G. immer wieder und mit Spannung. Darum brachte Herr G. den Menschen das Schreiben bei. Bald nahmen die Veröffentlichungen aber dergestalt überhand, dass Herr G. den Überblick verlor und nicht mehr wusste, was aus der Fülle er lesen sollte. Da erschuf er die Kritiker und den Grauen Star.

Nachdem die Menschen das Paradies verlassen hatten und sich die Engel (Sie hatten Wachablösung vereinbart) breitbeinig davor aufgebaut hatten, weil sie – eifersüchtig wie sie waren – den Garten für sich haben wollten, machte Herr G. sich ab und an auf, seine Freundinnen und Freunde zu besuchen. Kaum war er einige Tage unterwegs gewesen, war Herr G. sehr verwirrt, weil er wieder und wieder Grenzen passieren musste – und dies als einer, der sich selbst keine Beschränkungen auferlegt hatte und der ganz ohne Mauern dachte. Ein paar Menschen, die Herr G. fragte, wozu es diese Grenzen gäbe, erläuterten, dass sich die einen Menschen von den anderen unterschieden, was an ihrem Gang, ihrer Kopfbedeckung und an der Weise, wie sie das stimmhafte S aussprachen, zu merken sei. Und da die Menschen also nicht gleichgeartet waren, mussten sie sich trennen voneinander. Da war Herr G. sehr unzufrieden mit sich selbst, weil er den Menschen je unterschiedliches Aussehen und eine unterschiedliche Zungenfertigkeit verliehen hatte. Das hatte er getan, um sie aufeinander neugierig zu machen – aber er hatte es ihnen wohl nicht begreiflich machen können. Darum bot Herr G. sich, wann immer er Zeit erübrigen konnte, als Dolmetsch an.

Ein paar Dinge gab es, die Herr G., nachdem die Schöpfung beendet und pauschal mit »Sehr gut!« beschieden war, bedauerte: dass Steine nicht sprechen konnten zum Beispiel, dass er nicht noch mehr Farben erfunden hatte – was sicher noch Zeit gekostet hätte, und Herr G. fühlte sich etwas unter Druck –, dass die Schwerkraft nur nach unten zog. Und dass die Augen der Menschen nicht klar genug waren, Herrn G. zu erkennen. Aber daran ließ sich nun nichts mehr ändern.

Wenn er ein wenig Zärtlichkeit brauchte an langen Abenden, dann strich Herr G. sehr sanft über das Fell der Tiere. Die Mähnen der Ponys und des Löwen, der Pelz des Eisbären oder des Panda, die krausen Locken am Kopf eines Kalbes, die ließen Herrn G. eine Wärme fühlen, die er sehr vermisste, wenn keiner nach ihm sah. Als es die Tiere mit Fell und Federn noch nicht gab, schmiegte Herr G. sich in die Wolken. Das ist ihnen heute noch anzusehen.

Herr G. alterte im Grunde ja nicht, aber die vielen Äonen ließen ihn doch ein klein wenig vergesslich werden. Welches der erste Stern war, in welchem Teich sich die ersten Einzeller trafen, aus welchem Stein der erste Faustkeil geschlagen wurde – Herr G. konnte sich nur ganz dunkel, nur nebelhaft erinnern. Also begann er, seine Erinnerungen niederzuschreiben: auf Wanderdünen, Gletschermoränen, Felsformationen, in Flussläufe und Meeresströme, in großen Lettern, versteht sich. Den sehr weiten Blick, den es brauchte, sie zu lesen, hatten selbst von den Engeln nur zwei oder drei.

Bald war Herr G. es leid, eine Sprache zu sprechen, die nur er verstand. Die Engel, diese Kindsköpfe, lasen von den Lippen oder den Augen ab, sie würden Herrn G.s Sprache nimmer lernen. Sie sind so unbedarft und naiv, klagte Herr G. bei sich selbst. Und die Tiere mochte er nicht belasten. Darum lehrte Herr G. den Menschen das Schweigen.

Bekannt ist, dass Herr G. sehr lange überlegte, ob er sich einen Bart wachsen lassen sollte oder nicht. Ein Bart könnte seine Würde wohl unterstreichen, bedachte Herr G., nun, da er doch ins Alter gekommen war. Auf der anderen Seite würden sich die Kinder vielleicht erschrecken vor ihm – und das wollte Herr G. auf gar keinen Fall. Es ist nicht bekannt geworden, wie Herr G. sich entschieden hat.

Nur einmal war Herr G., der von Herrn S. große Stücke hielt und ihn recht achtete, sehr erzürnt über seinen Widersacher. Als der nämlich die Lüge streute, Herr G. wisse nicht zu lachen. Herr G. war so wütend, dass er dem armen Teufel, der sich doch nur hatte wichtig machen wollen, das Heulen und das Zähneklappern auf den Hals hetzte. Das sind schlimme Krankheiten und sie entstellen das Gesicht. Aber weil Herr G. darüber doch gar nicht lachen konnte – Hohn und Spott standen ihm nicht zu Gebote –, blieb sein Zorn nur eine Episode. Und Herr S. entschuldigte sich auch für seinen Irrtum.

Nicht ganz sicher war Herr G., ob er recht daran getan hatte, die Nächte zu erschaffen, weil sich die Menschen bisweilen fürchteten darin – und Schlange, Fuchs und Katze nahmen sie zum Anlass zu schleichen. Das ist eine Fortbewegungsweise, die Herr G. nicht leiden mochte, und die er, soweit er sich entsinnen konnte, auch nicht vorgesehen hatte. Aber nun gab es die Nächte ja. Also machte Herr G. das Beste daraus, indem er darin wandelte, so oft es ihm möglich war. Außerdem begann er nach einer Zeit, das Gespräch mit den Schatten zu schätzen.

Wenn Herr G. gefragt wurde, vom Löwen etwa, der bekanntermaßen ein gewisses Ansehen bei Herrn G. genoss, oder von den Erzengeln, die trotz ihrer fortgeschrittenen Jahre ihre Neugierde durchaus nicht verloren hatten, warum er ausgerechnet in den Menschen so vernarrt sei, antwortete Herr G., nicht ohne etwas Röte auf den Wangen und einem stillen Lächeln dabei: Das ist eine lange Geschichte.

Aus alter Gewohnheit, oder weil Herr G. es nicht besser wusste (Herr G. hatte ja keine Vorbilder und musste sich alle Lebensklugheit ganz alleine aneignen), erließ Herr G. zu Beginn seiner menschlichen Beziehungen ein Bilderverbot. Mach dir kein Bild von mir, von Fröschen und Reihern und Pavianen und allem anderen Getier und von dir selbst auch nicht! forderte Herr G. durchaus mit erhobenem Zeigefinger. Um konsequent zu erscheinen, wäre Herr G. auch gerne zornig geworden, als sich die Menschen um das Gebot nicht scherten. Doch die Zeichnungen mit roter Kreide an den Höhlenwänden, der Goldene Schnitt und die ausdrucksstarken Farbexperimente der Maler gefielen ihm selbst viel zu gut, als dass er dazwischenfahren und alles fortwischen wollte. So lockerte Herr G. das Gebot zuerst, um es sehr bald ganz aufzuheben. Er fing sogar an, selbst mit Pinsel und Farben zu dilettieren, sehr zur Freude der Menschenkünstler, die Bilder schufen, und die Herr G. wie Brüder und Schwestern behandelte.

Jedes Mal, wenn ein Kind geboren wurde, musste Herr G. weinen vor Rührung. Er fühlte sich sehr an die eigenen Anfänge erinnert, die im Dunkeln lagen, bevor er das Licht die Welt erblicken ließ.

Einmal traf Herr G. auf einer seiner beliebten Wüstenwanderungen, die er in unregelmäßigen Abständen unternahm, weil er die Einsamkeit suchte, einen alten Freund. Mit ihm hatte er Bekanntschaft geschlossen, als Herr G. mit dem Feuer gespielt und einen Dornbusch entfacht hatte. Kaum traten sie sich gegenüber, einander erkennend, da wandte der Freund sich ab. Verwirrt und leicht gekränkt fragte Herr G., ob etwas vorgefallen sei, ob er etwas angerichtet habe, das den Freund verletzt oder erzürnt habe. Nein, gab der zur Antwort, ich mag dich nur nicht immer von Angesicht zu Angesicht sehen. Hast du denn keine Kehrseite? Sofort drehte Herr G. dem Freund den Rücken zu, was den sehr verstört haben muss, denn Herr G. hörte später nur noch Klagen von ihm. Und es hieß, er habe später Hunderttausende in die Wüste geführt, die Herrn G. aber nicht zu Gesicht bekamen.

Nur sehr selten erlaubte sich Herr. G. den Luxus, für ein paar Tage in Urlaub zu fahren. Herr G. mochte seinen Ruf, nicht zu schlummern noch zu schlafen – also alle Zeit zur Stelle zu sein –, nicht ohne Not aufs Spiel setzen. Aber da er manche Regionen seines Universums doch viel zu wenig kannte (Manche hatte er tastsächlich nur von ihrer Erschaffung her im Sinn, und da waren rasch mal ein paar Millionen Jahre vergangen.), wollte er sich ab und an den Anblick gönnen, oder einfach mal ein paar Nächte unter fünf Monden oder ein Sonnenbad in fernen Galaxien genießen. Die Engel nahmen es hin, aber den Menschen konnte Herr G. seine zeitweilige Abwesenheit nur schwer plausibel machen. Sie gönnten ihm die Erholung nicht, obschon sie sich selbst gerne auf Entdeckungsreisen begaben. Schließlich verriet ihnen Herr G. gar nicht mehr, wann er loszog und wie lange er fortbleiben würde.

Wie es in alten Legenden von weisen Königen erzählt wird, so machte sich Herr G. einen Spaß daraus, sich unerkannt unter die Leute zu mischen. Gerne verwickelte er dann die Menschen, die er traf, in Gespräche über G. und die Welt. Und war überrascht, wie viele Dinge die, die ihn persönlich gar nicht kannten, über ihn zu sagen wussten! Manchen (wenigen nur und nach reiflicher Überlegung) stellte Herr G. sich persönlich vor. Aber da sie oft zurückhaltend reagierten, unterließ er es mit der Zeit. Viele mochten Herrn G. gar nicht näher kennenlernen – sie hatten an ihren eigenen Vorstellungen genug. Herrn G. verdross das sehr.

Wenn Herr G. keinen Schlaf fand, beauftragte er die Engel, ihm einen zu suchen. Die hatten aber viel zu wache Augen und tobten viel zu laut hin und her. Das weckte die Menschen, und so fand Herr G. bei denen auch keine Ruhe.

Zuweilen war Herr G. schon etwas beleidigt. Zum Beispiel, wenn die Engel es sich an ihren Lichtspielen und Gesängen genug sein ließen und reichlich blasiert taten, wenn er ihre Gewohnheiten unterbrechen wollte und eine Aufgabe für sie hatte. Oder wenn die Menschen sich vor dem Licht verbargen und im Schatten ihre Heimlichkeiten taten, von denen Herr G. offensichtlich nichts wissen sollte. Ach, für euch mache ich doch keinen Finger mehr krumm! rief Herr G. dann über Himmel und Erde. Wenn Engel und Menschen darüber erschraken, dann gereute Herrn G. der Zorn recht schnell. Und er beugte den Rücken.

Als Herr G. allein in seinem Garten war, weil der Mensch sich schämte, seine Nacktheit mit Herrn G. zu teilen, fühle er sich sehr einsam. So entschied er, es dem Menschen gleichzutun und auszuwandern. Da Herr G. sich aber gut kannte und darum wusste, dass er sich bald nach seinem Garten mit den saftigen Feigen, den leidenschaftsroten Granatäpfeln und den lustigen Fontänen zurücksehnen würde, nahm er Proviant mit, von dem er lange zehren könnte. Das waren: bedächtige Worte, spannende Geschichten und sehr farbenfrohe Bilder, die er im Herzen bei sich trug. In Herrn G.s Herzen waren alle Dinge besonders gut aufgehoben. Und immer, wenn er Menschen traf, gab er davon weiter, damit auch sie die Sehnsucht nach dem Garten nicht verlören.

Es ist einfach nicht wahr, dass Herr G. den Wind bedrohte, wenn der sich ungebärdig zeigte. Nein, er schmeichelte ihm und redete ihm gut zu, da Herr G. sich erinnerte, dass der Braus mit ihm war vom ersten Tage an und von Ewigkeiten her. Und Herr G. wusste wohl, dass man den Gefährten der frühen Tage nicht beschimpft.

Es war keiner der Erzengel mit ihrer großen Flügelspannweite und der durchdringenden Stimme, die tatsächlich etwas hermachten, sondern einer von den kleinen Engeln aus den hinteren Reihen, der sich unbedeutend und unnütz fühlte und haderte, der Herrn G. eines Tages fragte, ob es den Menschen denn notwendigerweise geben müsse. Herr G. antwortete: Frage dich selbst, mein Freund, ob es mein Verhalten änderte, wenn es den Menschen nicht gäbe, und ob ich ein Anderer bin, da es ihn gibt. Und der Engel musste eingestehen: Doch, du brauchst den Menschen.

Aus langer Erfahrung wusste Herr G., dass es manchmal und für manchen schwer erträglich war, ihm ins Angesicht zu schauen. Er wusste nicht genau, was die Menschen daran so hart ankam und warum sie so sehr erschraken: Ob sie sich selbst sahen darin, oder das, was sie sein könnten, aber nicht waren – oder das, was ihnen fehlte? Jedenfalls mochte Herr G. die Menschen nicht quälen. So verbarg Herr G. sich oft hinter einem Lächeln oder hinter Tränen, hinter freundlichen Worten oder gesenkten Lidern.

Sehr zu schätzen wusste Herr G. den Halbschatten und die Dämmerung, das Nebelgrau und die Nacht, den Neumond und die Dunkelheit in Ecken, Nischen und Höhlen. Darin ließ sich sehr gut ruhen und die Schatten waren fruchtbar und kühl. Doch Herr G. sah sie vom Lichte gefährdet, das alles Dunkle verdrängen wollte, und das für sich selbst allein in Anspruch nahm, Wachstum und Gedeihen zu befördern. So schied Herr G. das Licht von der Finsternis, damit das Finstere und alles Schwarze, Graue und Schattige bewahrt sei. So hatte das Helle seine Grenze und das Dunkle sein Recht.

Eines Tages geschah es, dass Adam sich vor Herrn G. fürchtete oder schämte, was in der Folge dasselbe war, denn Adam versteckte sich hinter den dichten Wacholderbüschen. Herr G. war ganz verwirrt und ängstigte sich um Adam, als er durch den anmutigen Garten eilte und suchend immer wieder rief: Adam, wo bist du? Aber Herr G. bekam keine Antwort. Stundenlang ging das so, bis Adam sich endlich ein Herz fasste und aus seinem Versteck hervortrat: Hier bin ich! Herr G. war von Herzen erleichtert und umarmte seinen Freund so heftig, dass dem fast der Atem ausging. Bitte, tu das nie wieder! bat Herr G. den Adam, und der sagte zu: Nein, nie wieder. So schlenderten sie miteinander durch die Abendkühle.

Einst besuchte Herr G. die großen Städte. In einer nahm er an einer Stadtrundfahrt teil, in der anderen ließ er sich mit der Rikscha fahren, in der nächsten versuchte er es mit der U-Bahn und wieder eine andere erkundete er zu Fuß. Das war sehr anstrengend. Und in allen Städten blieb Herr G. unerkannt, versteht sich. Nach der langen, langen Reise musste Herr G. doch eingestehen, dass er am liebsten in Zelten lebte und auf dem Boden schlief.

Auch nach seinen unbeschwerten Kindertagen ist Herr G. bei der Lust geblieben, Verstecken zu spielen. Nur liegt ihm jetzt nicht mehr so viel daran, nicht gefunden zu werden.

Was Herr G. nicht wirklich leiden konnte, waren Scheidungen – er empfand heftigen Trennungsschmerz. Da aber bisweilen nur Ordnung und versöhnliches Miteinander zu schaffen waren, wenn getrennt würde, schied auch er: Licht von der Finsternis, Wasser und Trockenheit, Tag und Nacht.

Was den Tod anging, war Herr G. zunächst ganz auf Informationen aus zweiter Hand angewiesen. Er entwickelte eine Art Leidenschaft dafür, Heimkehrende zu befragen. Ihre Antworten machten Herrn G. ratlos, denn er musste feststellen, dass kein Gang mit dem anderen vergleichbar war und dass jeder, dem er Fragen stellte, seine ganz eigene, einmalige Geschichte erzählte. Herr G. seufzte und beschied, dass er wohl selber sterben müsse, um zu erfahren, was der Tod bedeute. Da Herr G. sehr neugierig war, zögerte er nicht allzu lange. Er setze einen Engel zum Verwalter ein (natürlich nur, bis er wiederkäme), und machte sich auf, den Tod kennenzulernen. Von seinen Erlebnissen hat er hernach noch viel gesprochen.

Wenn Herr G. sehr, sehr erschöpft war (vom Umherwandern oder Ordnungbewahren), dann zog er sich in eines seiner Häuser zurück und lauschte. Nicht in Tempel, Gotteshäuser oder Museen. In Hütten und Herzen.

Als Herr G. die Zeit ins Werk setzte, vergaß er, seine Uhr auf den Anfang zu stellen. Nun ist er immer etwas hinterher, sechs Tage ungefähr – Herr G. weiß es nicht so genau. Aber da das Meiste geschafft ist und die Zeit nicht drängt, hat Herr G. gute Ruhe. Noch ist nicht aller sieben Tage Abend.

Inhalt

Autor und Verlag danken der *Sparkasse Baden-Baden Gaggenau* und der *Stadt Baden-Baden* für ihre freundliche und großzügige Unterstützung.

ISBN 978-3-86351-050-3

Lektorat: Petra Wägenbaur, Tübingen.
Umschlaggestaltung: Christiane Hemmerich
Konzeption und Gestaltung, Tübingen.
Herstellung: Horst Schmid, Mössingen.
Satz: CompArt, Mössingen.
Druck und Einband: Pustet, Regensburg.

Mehr über das Verlagsprogramm von Klöpfer & Meyer
finden Sie unter *www.kloepfer-meyer.de*